Die Spur führt nach Bayern

Hans J. König

EMC Publishing
Saint Paul, Minnesota

ISBN 0-8219-0036-6

This book is an adaptation of the French "Poursuite inattendue" by Christiane Szeps-Fralin.

© 1984 by EMC Corporation
All rights reserved. Published 1984.

No part of this publication can be adapted, reproduced, stored in a retrieval system or transmitted in any form or by any means, electronic, mechanical, photocopying, recording, or otherwise without permission from the publisher.

Published by EMC Publishing
300 York Avenue
Saint Paul, Minnesota 55101

Printed in the United States of America
0 9 8 7 6 5 4 3 2 1

Inhalt

Am Morgen der Hochzeit 4
Die Entführung 6
Die Hochzeit findet nicht statt 10
Der schwarze Wagen 13
Am Hauptbahnhof 17
Die Fahrt in den Süden 20
So ein Zufall! 23
Was für ein Tag! 26
In der Falle 30
Ein unerwarteter Besucher 33
Die Polizei—Dein Freund und Helfer 36
Die Falle schnappt zu 40
Wörterverzeichnis 44

1 Am Morgen der Hochzeit

Bei Dirk zu Hause—eine kleine Junggesellenwohnung—sauber, aber ein bißchen schlampig. Das Wohnzimmer dient zugleich als Schlafzimmer und ist mit den anderen drei Räumen verbunden: der Küche, dem Badezimmer und dem Eßzimmer. Dirk schläft fest auf der Schlafcouch. (Die Uhr schlägt acht. Das Telefon klingelt.)

Dirk Dirk hier. *(Er gähnt.)*
Stefan Guten Morgen! Ich bin's—Stefan. Bist du fertig?
Dirk Morgen!—Oh, wie spät ist es denn? Was, acht Uhr schon? Was hast du gesagt? Natürlich nicht; natürlich bin ich noch nicht fertig. Ein Glück, daß du anrufst. Ich muß um halb elf im Rathaus sein. Aber was machst du denn in Kassel. Ich denke du bist in München.
Stefan Naja, mein Freund, ich wollte doch zu deiner Hochzeit kommen. Ich möchte auf keinen Fall die Gelegenheit verpassen, mit dabei zu sein, wenn du endlich an die Kette gelegt wirst. *(Er lacht.)* Erlaube mir, dir dazu zu gratulieren.
Dirk Immer noch der alte Stefan! Du änderst dich auch nie. Wie lange bist du denn schon in Kassel?
Stefan Seit genau zwei Stunden. Aber sag mal: Ist die Trauung um halb zwölf?
Dirk Also, die Ziviltrauung ist um 10.30 Uhr im Rathaus, und die kirchliche Trauung ist dann um 11.30 Uhr. Aber wir müssen jetzt mit der Quatscherei aufhören. Ich bin nämlich schon zu spät dran, und Kerstin hat das gar nicht gern; sie ist doch selbst immer so pünktlich. Bis später in der Kirche dann. Du kommst doch, nicht wahr?
Stefan Na klar. Hör mal, wenn du willst, komme ich vorbei und hole dich um Viertel vor zehn ab. Dann brauchst du nicht mit dem Taxi oder Bus zu fahren. Einverstanden?
Dirk Großartig! Eine prima Idee. Aber sagen wir besser um zehn Uhr. Mit dem Auto braucht man kaum eine Viertelstunde von hier zum Rathaus.
Stefan Gut—abgemacht. Ich komme aber nicht die Treppe rauf. Ich werde genau um zehn Uhr dort sein, und ich warte im Wagen auf dich. Am besten genau an der Telefonzelle vor deinem Haus. Einverstanden?
Dirk Alles klar. Du bist wirklich ein treuer Freund! Also, bis bald dann.
Stefan Ja, tschüs! *(Dirk legt den Hörer auf. Es klingelt an der Tür.)*
Dirk Mist—wer kann das denn sein? *(weibliche Stimme)*
Frau Edelmann Ich bin's.

Dirk Oh, Mutti! Einen Moment, bitte! Ich komme sofort. Ich ziehe mir nur schnell den Bademantel über. *(kommt zur Tür)*
Frau Edelmann Guten Morgen, mein Junge! Bist du denn noch nicht fertig?
Dirk Guten Morgen, Mutti! *(Die Mutter kommt herein.)*

Frau Edelmann Ach du lieber Himmel! Eine Unordnung ist das bei dir! Es wird wirklich höchste Zeit, daß du endlich heiratest.—Der Verkehr war furchtbar. Ich mußte eine Viertelstunde lang herumfahren, bis ich endlich eine Parklücke fand. Aber ich sehe schon, daß du noch gar nicht fertig bist. Und ich wette, daß du noch nicht einmal gefrühstückt hast! Wo hast du denn deine Smoking-Jacke? Und wo stehen die geputzten Schuhe? Ich sehe sie nirgendwo. Ach, da stehen sie—in der Küche. Was tun die denn in der Küche? Ach du liebes bißchen—schmutziges Geschirr im Ausguß. Schämst du dich denn nicht? Die arme Kerstin! Sie weiß sicher nicht, was für einen schlampigen Mann sie heiratet. Ein Glück, daß ich hier bin. Ich werde schnell erst mal Ordnung machen.
Dirk Ach, Mutti, mach dir nur keine Sorgen. Es wird schon alles gut gehen. Während unserer Hochzeitsreise kommt meine Putzfrau. Bis Kerstin hier ankommt ist alles in Ordnung.
Frau Edelmann Naja, also gut. Dann brauchst du mich also nicht. Dann

fahre ich eben wieder nach Hause. Außerdem ist mein Wagen nicht sehr gut geparkt. Vergiß es nur nicht: Um 10.30 Uhr im Rathaus. Soll ich dich um 9.30 Uhr anrufen?

Dirk Nein danke, Mutti. Das ist wirklich nicht nötig. Ich werde ganz bestimmt pünktlich sein. Stefan kommt vorbei und holt mich mit dem Wagen ab.

Frau Edelmann Ach ja, dein alter Freund von der Bundeswehr.

Dirk Ja, richtig. Er ist extra aus München zu meiner Hochzeit hergekommen.

Frau Edelmann Das ist aber nett von ihm. Naja, also—bis bald. Und vergiß nicht noch etwas zu essen, bevor du losgehst.

Dirk Mach dir keine Sorgen, Mutti! *(Er schließt die Tür hinter ihr und spricht zu sich selbst.)* Jetzt aber schnell—ich muß mich duschen. *(Er summt den Hochzeitsmarsch vor sich hin.)*

Fragen

1. Wer ruft bei Dirk an?
2. Wann soll die kirchliche Trauung stattfinden?
3. Wie viele Zimmer hat die Wohnung von Dirk und wie nennt man sie?
4. Warum braucht Dirk nicht mit dem Bus oder Taxi zu fahren?
5. Wer besucht Dirk nach dem Telefonanruf?
6. Warum sagt Dirk, daß die Putzfrau kommen wird?
7. Was findet um 10.30 Uhr im Rathaus statt?
8. Woher kennen sich Dirk und Stefan?

2 Die Entführung

Dirk ist endlich fertig. Er hat seinen Smoking an und verläßt seine Wohnung. Die Tür schlägt zu; er geht die Treppe hinunter. Er geht durch die Haustür auf die Straße und sieht die Hausmeisterin, die den Bürgersteig fegt.

Dirk Guten Morgen, Frau Schlögel!

Frau Schlögel *(hört auf zu fegen)* Ah, guten Morgen, Herr Edelmann. Heute ist also der große Tag?

Dirk Ja. Das Junggesellenleben ist vorbei; das Familienleben beginnt.

Frau Schlögel Hören Sie mir mal genau zu, junger Mann! Fräulein Kerstin ist eine so nette junge Dame—sehr charmant und bildhübsch. Nichts geht über die Ehe. Seit zehn Jahren bin ich nun schon Witwe, und jeden Tag denke ich an meinen armen Mann. Aber Schluß damit. Das Glück der Verliebten ist wunderbar...

Dirk Können Sie mir sagen wie spät es ist, Frau Schlögel?

Frau Schlögel Oh, es muß zehn Uhr sein. Sehen Sie, da ist Frau Schreiber, die Hausmeisterin von gegenüber, die gerade den Teppich ausschüttelt. Hallo, Frau Schreiber! Schauen Sie doch mal her! Sieht unser Herr Edelmann nicht phantastisch aus. Beinahe wie Prinz Charles!

Dirk Ach, Sie übertreiben.

Frau Schlögel Warten Sie auf ein Taxi? Vielleicht möchten Sie schnell noch eine Tasse Kaffee, während Sie warten?

Dirk Vielen Dank, aber ein Freund von mir kommt gleich, um mich abzuholen. Ach, Frau Schlögel, ich wollte Ihnen noch sagen, daß meine Putzfrau übermorgen kommt und bei mir saubermacht. Sie kennen sie doch, nicht wahr?

Frau Schlögel Natürlich kenne ich sie.

Dirk Gut. Hier ist mein Wohnungsschlüssel. Sie wird gegen Mittag bei Ihnen vorbeikommen und ihn abholen. Werden Sie dann zu Hause sein?

Frau Schlögel Wissen Sie, ich bin mittags immer zu Hause, denn ich höre dann immer die Nachrichten im Radio.

Dirk Prima. Vielen Dank und bis bald.

Frau Schlögel Ja, auf Wiedersehen und viel Glück! *(Sie fegt wieder.)*

Dirk geht zur Telefonzelle. Eine Dame kommt.

Dame Wollen Sie telefonieren?

Dirk Nein, nein—gehen Sie ruhig rein; die Telefonzelle ist frei. Ich warte nur auf jemanden. Wissen Sie vielleicht wie spät es ist?

Dame Ja, es ist genau zehn Uhr.

Dirk Vielen Dank.

Dame Bitteschön. *(Die Dame geht in die Telefonzelle. Dirk geht auf und ab. Schritte.)*

Dirk Wo bleibt er denn nur?

Ein paar Minuten später kommt ein schwarzer Wagen und bremst scharf. Ein kleiner Mann mit einem Bayernhut auf dem Kopf steigt aus und geht auf Dirk zu.

Mann Wo ist der Koffer?

Dirk Wie bitte?

Mann Wo ist der Koffer?

Dirk Was für ein Koffer?

Mann Stell dich nicht so dumm.

Dirk Mein Herr, ich habe keine Ahnung wovon Sie reden. Und warum duzen Sie mich? Ich kenne Sie überhaupt nicht. Lassen Sie mich zufrieden!

Mann Dir ist wohl alles egal, was? Zum letzten Mal: Wo ist der Koffer?

Dirk Nun hören Sie mir mal zu, mein Lieber. Jetzt reicht's mir aber! Ich habe Ihnen doch gesagt, daß ich keinen Koffer habe. Und wenn ich einen hätte, dann würde ich ihn Ihnen bestimmt nicht geben.

Mann Ach, du willst dich wohl interessant machen? Aber für solche Spielereien haben wir keine Zeit. Los, mitkommen!
Dirk Jetzt wird es mir aber wirklich zu dumm. Ich habe Ihnen schon einmal gesagt, daß ich Sie nicht kenne. Aua! Sie tun mir weh! Lassen Sie mich los!
Mann Halt's Maul und marschier'! Sonst wirst du gleich gewaltige Kopfschmerzen haben.
Dirk Ha, Sie spucken aber große Töne! Ich bewege mich nicht vom Fleck! Keinen Schritt!
Mann Das werden wir schon sehen! Los. Ich stehe hinter dir. Und sei vorsichtig. Ich habe hier ein niedliches, kleines Spielzeug in der Tasche.
Dirk Was? Okay, ich gehe ja schon.
Mann Los, ins Auto! Mach die Tür auf, Gustav!

Die Autotür öffnet sich—der kleine Mann mit dem Bayernhut schiebt Dirk ins Auto. Er setzt sich neben ihn, schlägt die Tür zu und spricht mit dem Fahrer. (Das Auto fährt schnell mit quietschenden Reifen los.)

Mann Los, tritt aufs Gas, Gustav! *(im Auto)* Ach so, ganz einfache Sache. Keinen Koffer, was?
Dirk Ich habe Ihnen das alles doch schon erklärt. Hören Sie mir mal genau zu. Ich bin Dirk Edelmann. In genau einer Stunde soll ich heiraten. Moment mal, sehen Sie, hier ist mein Personalausweis. Können Sie lesen? Familienname: Edelmann; Vorname: Dirk; geboren am 18. Dezember 1956; Geburtsort: Kassel; Staatsangehörigkeit: deutsch; Größe: 1,83 m; Adresse: Kohlenstraße 9; besondere Kennzeichen: keine.
Mann *(unterbricht)* Das reicht. Wir bringen dich zum Chef.
Dirk Sie sind wohl verrückt! Ich komme zu spät zum Rathaus.
Mann Zum Rathaus? Denkste! Und jetzt ist Schluß mit dem Unsinn. Los, die Hände hinter den Rücken. Gib mir die Handschellen, Gustav! Sie liegen im Handschuhfach. Da! Und tritt aufs Gas, Gustav! Wir haben genug Zeit verloren mit diesem Kerl. Der Chef wartet schon seit einer halben Stunde auf uns. *(Das Auto fährt schneller.)*
Dirk Ich bitte Sie, mein Herr. Ich habe Ihnen die Wahrheit gesagt. Ich…
Mann Vorsicht, Gustav, fahr langsam. Siehst du nicht, daß die Ampel rot ist? Es hat keinen Sinn diesen Kerl weiter auszufragen. *(Das Auto bremst.)* Also was hast du gesagt?
Dirk Ich habe keine Ahnung, was Sie von mir wollen.
Mann Ach, das kannst du alles dem Chef ins Ohr singen. Halt's Maul und freu dich an der Landschaft. *(Das Auto bremst—fährt wieder schneller—die Reifen quietschen.)*

Fragen

1. Wie sieht Dirk heute aus?
2. Wen trifft Dirk vor der Haustür?
3. Wer ist Frau Schreiber?
4. Warum gibt Dirk Frau Schlögel seinen Wohnungsschlüssel?
5. Warum steigt Dirk in das schwarze Auto ein, obwohl er den Mann mit dem Bayernhut gar nicht kennt?
6. Was zeigt Dirk dem Mann mit dem Bayernhut?
7. Was für ein Autofahrer ist Gustav?
8. Was liegt im Handschuhfach des schwarzen Wagens?

3 Die Hochzeit findet nicht statt

Während Dirk entführt wurde, warteten Kerstin und die Hochzeitsgäste im Vestibül des Rathauses. Dort sollte die Ziviltrauung stattfinden. Die kirchliche Trauung sollte dann folgen, so wie das in Deutschland Tradition ist. Ein Beamter kommt auf die Hochzeitsgesellschaft zu.

Beamter Ist das die Wiegand-Edelmann Hochzeit?
Kerstin Ja.
Beamter Der Herr Bürgermeister erwartet Sie.
Kerstin Es tut uns leid, aber der Bräutigam ist noch nicht hier. Können wir noch ein Weilchen warten?
Beamter Der Bürgermeister hat heute morgen sehr viel zu tun. Ich kann Ihnen fünf Minuten geben, aber nicht mehr. Haben Sie die Formulare für die Trauung schon ausgefüllt?
Kerstin Ja, das ist alles in Ordnung.
Beamter Na gut. Also, spätestens in fünf Minuten! *(geht weg und murmelt)*
Kerstin Frau Edelmann, Sie waren doch heute morgen noch bei ihm, nicht wahr?
Frau Edelmann Ja. Und er wollte um 10.30 Uhr hier sein, das hat er gesagt. Ich habe ihm sogar angeboten ihn anzurufen. Er hat aber gesagt, das sei nicht nötig.
Kerstin Vielleicht hat er den Bus verpaßt oder er hatte einen Unfall. Man weiß ja, wie die Busfahrer heutzutage fahren...
Frau Wiegand Der Bus ist noch gar nichts im Vergleich zu den Taxis! Ich bin selbst heute mit dem Taxi gekommen, und ich dachte schon, mein letztes Stündchen hätte geschlagen. Der fuhr viel zu schnell in die Kurven; dann bremste er wie ein Verrückter; dann überschritt er

die Höchstgeschwindigkeit. Ich habe den Fahrer gebeten etwas langsamer zu fahren. Ha! Er hat überhaupt nicht darauf reagiert. Er ist sogar noch schneller gefahren. Na, Sie können sich denken, was der für ein Trinkgeld bekommen hat…

Kerstin Mutti—bitte—Du hast uns das alles schon zweimal erzählt. Und das ist doch jetzt nicht so wichtig. Ich mache mir große Sorgen um Dirk.

Frau Wiegand Ich habe eine Idee. Ich rufe bei ihm an.

Kerstin Das ist eine gute Idee. Hast du Kleingeld?

Frau Wiegand Ja, ich habe zwanzig Pfennig. Ich rufe vom Café nebenan aus an. *(Sie geht weg.)*

Frau Edelmann Ich denke gerade darüber nach—Dirk ist gar nicht mit dem Bus gefahren. Er hat mir erzählt, daß ihn sein Freund Stefan mit dem Wagen abholen wollte. Ich wette, Stefan hat sich verspätet. Moment mal—da ist er ja!

Stefan *(Stefan kommt außer Atem an.)* Ist Dirk hier?

Kerstin Nein, hast du ihn denn nicht mitgebracht?

Stefan Nein, leider nicht. Ich war zur verabredeten Zeit vor seinem Haus und habe eine halbe Stunde lang gewartet. Ich habe ihn aber nicht gesehen.

Kerstin Ah, Mutti! Hast du etwas herausgefunden?

Frau Wiegand Nein, leider nicht. Es meldet sich niemand am Telefon.
Kerstin Oh, das ist ja schrecklich. Ihm ist bestimmt etwas passiert. *(Sie beginnt zu weinen.)*
Stefan Aber weine doch nicht, Kerstin. Es ist sicher nichts ernsthaftes!
Kerstin Ach, ich habe ein schreckliches Gefühl! Ich gehe jetzt sofort nach Hause und ziehe mich um. Und dann gehe ich zu Dirks Haus... Mutti, Frau Edelmann, bleibt bitte hier, falls er doch noch kommt.
Stefan Hör mal, Kerstin! Wenn du mich brauchst—hier ist meine Telefonnummer. *(Er schreibt die Nummer auf ein Stück Papier: 23 704.)* Hier ist sie.
Kerstin Danke! *(Sie geht schnell los.)*

Inzwischen kommt Dirk am Ziel seiner Reise an, begleitet von dem kleinen Mann mit dem Bayernhut. Der schwarze Wagen hält vor einem kleinen Hotel. Alle drei steigen aus—Dirk zuerst, und dann die beiden anderen. Sie gehen in den zweiten Stock und klopfen an eine Tür am Ende des Flures.

Stimme Herein!

Dirk und die beiden anderen gehen ins Zimmer und stehen vor einem Mann, der etwa 50 Jahre alt ist—der Chef.

Kleiner Mann Hier ist er, Chef!
Chef Aber wo ist der Koffer?
Dirk Es ist unglaublich. Jetzt fangen Sie schon wieder davon an. Sie reden alle dauernd von einem Koffer. Ich habe Ihnen schon tausend Mal gesagt, daß ich den Koffer nicht habe.
Chef Seien Sie kein Idiot! Sie haben uns am Telefon versprochen, daß Sie den Koffer mitbringen.
Dirk Am Telefon? Ich habe nicht mit Ihnen telefoniert. Ich kenne Sie gar nicht!
Chef So? Wie kommt es denn dann, daß Sie am Treffpunkt waren— und noch dazu im Smoking—wie verabredet?
Dirk Ihr Idioten! Ich weiß überhaupt nichts davon! Ich schwöre es. Ich bin um zehn Uhr im Smoking auf die Straße hinuntergegangen, denn ich heirate heute. Ein Freund von mir wollte mich abholen und zum Rathaus bringen. Ich wartete ein paar Minuten, und dann kamen Ihre Leute und *(sarkastisch)* luden mich so freundlich ein mitzukommen.
Chef Hast du lange gehalten?
Kleiner Mann Nein, Chef. Nur lange genug, um ihn in den Wagen zu schubsen. Aber da er nicht gerade fügsam war, dauerte es ein bißchen länger. Er ist störrisch.
Chef Wo sind seine Papiere?
Kleiner Mann Hier.
Chef *(liest)* Dirk Edelmann; einen Meter dreiundachtzig groß. Sie sind in Kassel geboren?
Dirk Ja, im Stadtkrankenhaus.

Chef So ein Mist! Er ist es nicht. Du Idiot, du hast den Falschen geschnappt. Deshalb weiß er auch nichts, und darum hat er auch keinen Koffer. Und was machen wir nun mit ihm? Sollen wir ihn laufen lassen?
Dirk Ich bitte Sie, meine Herren! Lassen Sie mich gehen. Ich muß doch zu meiner Hochzeit!
Chef Quatsch! Wir sitzen schon tief genug in der Tinte. Setzen Sie sich dort hin und halten Sie den Mund!
Kleiner Mann Chef, ich habe eine Idee. Es ist ja noch nicht alles verloren. Halten wir ihn fest. Vielleicht...
Chef Nun schalte mal erst dein Gehirn ein. Wo soll er denn bleiben. Wir können ihn doch nicht hier in Kassel lassen.
Kleiner Mann Nein, das nicht. Aber wir können ihn doch nach Bayern mitnehmen.
Chef Gute Idee! Hast du das Telegramm nach Fürstenfeldbruck geschickt?
Kleiner Mann Jawohl, Chef. Alles erledigt.
Chef Gustav, du weißt, was du zu tun hast. Bring ihn nach Fürstenfeldbruck runter. Und du, Max, du fährst zurück zur Telefonzelle und hältst die Augen offen.
Kleiner Mann Alles klar, Chef!

Fragen

1. Warum wartet Kerstin im Rathaus?
2. Was muß man mit Formularen machen?
3. Wie fahren die Taxifahrer in Kassel?
4. Wo findet Frau Wiegand ein Telefon, um bei Dirk anzurufen?
5. Warum weint Kerstin?
6. Was hat Dirk im Stadtkrankenhaus gemacht?
7. Warum hat Dirk keinen Koffer bei sich gehabt?
8. Was soll Gustav in Fürstenfeldbruck machen?

4 Der schwarze Wagen

Inzwischen ist Kerstin nach Hause gegangen, hat sich umgezogen, und ist zu Dirks Haus gefahren. Sie kommt dort außer Atem an. Frau Schlögel steht vor der Tür. Sie hält die Zeitung in der Hand und unterhält sich mit Frau Schreiber, der Hausmeisterin von gegenüber.

Frau Schlögel Es steht wirklich in der Zeitung. Hören Sie zu: "Gestern abend ist der Pistolen-Bruno aus dem Gefängnis entkommen. Er hatte zwei Mitglieder seiner Bande ermordet. Der Gefängnisdirektor meldete der Polizei, daß Bruno das Gefängnis unbemerkt verlassen hat. Einer der Gefangenen sagte aus, daß der Pistolen-Bruno nach dem Abendessen nicht in seine Zelle zurückgekehrt sei. Er sagte, daß sich Pistolen-Bruno die Uniform eines Gefängnisbeamten verschafft habe, die er in den Speisesaal mitnahm. Dann habe er sich in der Toilette umgezogen, bis zum Ende des Abendessens gewartet, und er habe das Gefängnis dann ganz einfach verlassen. Pistolen-Bruno habe ihm oft von seinem Plan erzählt, aber er sei sicher gewesen, daß…

Kerstin Entschuldigen Sie bitte, Frau Schlögel, Sie haben doch Frau Edelmann heute gesehen, nicht wahr?

Frau Schlögel Ah, Fräulein Kerstin—oder ich sollte ja eigentlich 'Frau Edelmann' sagen. Was tun Sie denn hier? Und wo ist denn der junge Herr Edelmann? Ist er denn nicht mit Ihnen zusammen?

Kerstin Ach, es ist eine schreckliche Geschichte. Er ist gar nicht zum Rathaus gekommen Wir haben noch nicht geheiratet.

Frau Schlögel Was? Ich sah ihn heute morgen, als er aus dem Haus kam, um auf seinen Freund zu warten. Er trug seinen Smoking und sah wie ein Märchenprinz aus, nicht wahr, Frau Schreiber?

Frau Schreiber Ja, sehr elegant!

Frau Schlögel Wir haben uns ein bißchen unterhalten. Er hat mir sogar noch seinen Wohnungsschlüssel für die Putzfrau gegeben.

Kerstin Wissen Sie, ob er nochmal in seine Wohnung zurückgegangen ist?

Frau Schlögel Nein. Er wartete ein Weilchen—warten Sie—ja, vor der Telefonzelle; und dann—glaube ich—kam ein großer, schwarzer Wagen an. Ich glaube, es war sogar ein Mercedes. Sehr elegant! Wissen Sie, sein Freund muß einen Haufen Geld haben.

Kerstin Ein Mercedes? Aber Stefan fährt einen grünen Volkswagen. Sind Sie ganz sicher, Frau Schlögel?

Frau Schlögel Da bin ich hundertprozentig sicher. Ein kleiner Mann stieg aus. Er hatte einen Bayernhut auf dem Kopf. Sie unterhielten sich ein Weilchen, und dann fuhren sie zusammen weg.

Frau Schreiber Ja, das stimmt genau. Den großen Wagen habe ich auch gesehen—es war ein Opel.

Frau Schlögel Aber hören Sie mal, Frau Schreiber—das war doch kein Opel. Sie wollten sicher sagen 'Mercedes'.

Frau Schreiber Jaja, das ist schon möglich. Wissen Sie, ich bin ja nicht neugierig, aber so einen eleganten Wagen sieht man nicht so oft. Ich habe ganz genau hingeschaut und gesehen, daß das Nummernschild mit den Buchstaben FFB anfing.

Kerstin FFB? Sind Sie ganz sicher, Frau Schreiber? War es nicht vielleicht FB?

Frau Schreiber Nein, das habe ich ganz genau gesehen. Ich habe zwar Rheumatismus, aber meine Augen sind ausgezeichnet!

Kerstin *(bei sich)* Das ist kein Auto aus Kassel. FFB? Das ist ein Wagen aus Fürstenfeldbruck bei München Ich muß sofort hinfahren. Aber zuerst rufe ich bei Stefan an.

Kerstin geht zur Telefonzelle, aber ein kleiner Mann scheint sie zu beobachten. Er trägt einen Bayernhut.

Kerstin Wollen Sie telefonieren?

Kleiner Mann Nein, gehen Sie ruhig rein. Ich warte nur. Ich habe eine Verabredung.

Kerstin *(Sie geht in die Telefonzelle—spricht zu sich selbst.)* Dieser Mann sieht verdächtig aus. Seltsam. Er trägt einen Bayernhut. Außerdem beobachtet er mich. Hmm. Ich habe eine Idee.

Sie öffnet die Tür der Telefonzelle einen Spalt und der kleine Mann mit dem bayerischen Hut hört interessiert zu. Sie liest sich die Bedienungsanweisung durch—laut lesend:

Kerstin Den Hörer abnehmen *(Sie nimmt den Hörer ab.)*—20 Pfennig einwerfen *(tut es)*—die Nummer wählen—zwo-drei-sieben-null-vier—es klingelt…Hallo, Stefan? Ich bin's, Kerstin…Ja, ich bin hier vor Dirks Haus…Nein, nein, ich rufe von der Telefonzelle aus an…Also die Sache ist so: Frau Schlögel und Frau Schreiber, die beiden Hausmeisterinnen, haben ihn in einem schwarzen Wagen wegfahren sehen. Auf dem Nummernschild haben sie die

Buchstaben FFB gesehen. Ich glaube, der Wagen ist aus Fürstenfeldbruck bei München... Du hast recht. Wir dürfen im Moment die Polizei noch nicht einschalten. Ich fahre heute abend mit dem Zug nach München und weiter nach Fürstenfeldbruck. Hoffentlich finde ich den Wagen dort.

Der Mann mit dem Bayernhut scheint aufmerksam zuzuhören.

Kerstin   Gut, ich muß aufhören. Wenn ich meinen Zug nicht verpassen will, dann muß ich mich beeilen... Ja, abgemacht. Ich rufe dich vor meiner Abfahrt noch einmal an. Wiederhören. *(Sie hängt den Hörer ein, verläßt schnell die Telefonzelle und geht an dem kleinen Mann vorbei.)* Entschuldigen Sie!

Kleiner Mann   Nichts zu entschuldigen. *(Er geht auch schnell weg.)*

Frau Schlögel und Frau Schreiber stehen immer noch vor der Tür. Frau Schlögel blättert in der Zeitung.

Frau Schlögel   Also, Pistolen-Bruno ist wieder frei. Ist das vielleicht ein Kerl! Und heute abend haben sie im Fernsehen die neuen Abenteuer der Claudia.

Frau Schreiber   Ach, wahrhaftig? Das ist aber interessant.

Frau Schlögel   Ja. Letzte Woche habe ich die Voranzeige gesehen. Hören Sie mal, was sie hier in der Zeitung darüber schreiben. "*Claudia und die Falschmünzer;* Spannung ohne Pause." Hier steht es: "Eines Tages kaufen Claudia und ihre Freundinnen in einer unbekannten Boutique ein Fläschchen orientalisches Parfüm. Sie wußten damals noch nicht, daß es sie in ein unheimliches Abenteuer verwickeln würde. Die junge Maria hat am Bahnhof einen Fehler gemacht, und nun muß Claudia dafür bezahlen usw." Kommen Sie doch heute abend zu mir rüber, Frau Schreiber; dann können wir zusammen fernsehen.

Frau Schreiber   Abgemacht. Jetzt muß ich aber gehen und die Treppe saubermachen. Bis heute abend dann!

Fragen

1. Wer ist der "Pistolen-Bruno"?
2. Wie ist Bruno aus dem Gefängnis entkommen?
3. Mit wem unterhält sich Frau Schlögel, als Kerstin ankommt?
4. Warum weiß Frau Schlögel, daß der schwarze Wagen aus Fürstenfeldbruck stammt?
5. Wen ruft Kerstin von der Telefonzelle aus an?
6. Warum will Kerstin mit dem Zug nach München fahren?
7. Was liest Frau Schlögel in der Zeitung?
8. Was wollen Frau Schlögel und Frau Schreiber heute abend tun?

5 Am Hauptbahnhof

Am Bahnhof stellt sich Kerstin am Fahrkartenschalter an. Vor ihr steht ein Mann, der sich mit dem Beamten am Schalter unterhält.

Beamter Es tut mir sehr leid, mein Herr, aber die Liegewagenplätze nach Rom sind alle ausverkauft. Das ist eben der Wochenendverkehr.

Mann Dann geben Sie mir bitte eine Fahrkarte erster Klasse.

Beamter Hier bitte. Das macht 260 Mark.

Mann Danke. *(geht weg)*

Beamter Ja bitte?

Kerstin Wann fährt der nächste Zug nach München?

Beamter Um 20.30 Uhr mit Umsteigen in Bebra. Sie kommen dann morgen früh um 5.30 Uhr in München an.

Kerstin Gibt es denn keinen durchgehenden Zug?

Beamter Einen Augenblick, bitte, ich muß mal nachsehen… *(blättert im Kursbuch)* Ja, hier: Abfahrt ab Kassel um 22.30 Uhr; Ankunft in München um 6.00 Uhr morgens.

Kerstin Das paßt prima. Hat der Zug einen Liegewagen?

Beamter Ja. Einen Moment, bitte. Ich sehe mal nach, ob es noch Plätze gibt. *(tastet Daten in den Computer ein)* Ja, Sie haben Glück. Wollen Sie gleich eine Rückfahrkarte kaufen?

Kerstin Nein, bitte nur einfach.

Beamter So, hier ist Ihre Karte, Fräulein, Gleis 11, Zug Nummer 649, Wagen Nummer 32, Platz 6C. Das macht 92 Mark.

Kerstin Danke. Hier ist ein Hundert-Mark-Schein.

Beamter Acht Mark zurück. Gute Reise!

Kerstin Danke. Auf Wiedersehen.

Kerstin geht zu einer Telefonzelle und wählt Stefans Nummer 23 704.

Kerstin Hallo, Stefan. Ich bin's. Jetzt ist alles klar. Ich habe gerade meine Fahrkarte nach München gekauft. Ich fahre mit dem Nachtzug heute abend um 22.30 Uhr… Ja natürlich. Ich habe einen Liegewagenplatz bekommen… Du willst extra zum Bahnhof kommen? Das ist aber nett von dir. Es ist aber wirklich nicht nötig; und außerdem regnet es mal wieder… Also gut, wenn du darauf bestehst. Ich habe einen Liegewagenplatz im Abteil 6 im Wagen Nummer 52—nein, warte… ah, hier steht es: Wagen Nummer 32. Der Zug fährt aus Gleis 11… Nein, ich hoffe, daß ich Ende der Woche zurückkommen kann. Spätestens am Sonntag. Gut, ich treffe dich am Zeitungskiosk um drei Viertel zehn. Ich muß noch packen. Ich brauche ja nicht viel, denn in Bayern ist es ja wärmer in dieser Jahreszeit—und sonnig! Ich kann den Regen und Nebel in Kassel nicht mehr aushalten. Bis bald, dann. Tschüs. *(Sie hängt den Hörer ein und verläßt die Telefonzelle)*

Später—Kerstin geht den Bahnsteig entlang.

Kerstin Wagen 31 *(geht weiter)*—Wagen Nummer 32. Hmm, Stefan ist noch nicht hier.

Sie steigt in den Zug ein, geht den Gang entlang und kommt an die Tür des Abteils Nummer 6. Ein junger Mann steht an der Tür.

Kerstin Oh, entschuldigen Sie!

Junger Mann Oh, nichts zu entschuldigen. Darf ich Ihnen mit dem Gepäck helfen?

Kerstin Sehr freundlich von Ihnen. So. Dankeschön. Ach, es ist so schwül bei all dem Regen.

Junger Mann Ja, aber wir fahren der Sonne entgegen und den Bergen. Zwei Wochen in Kassel sind genug für mich—besonders jetzt zum Frühlingsanfang. Es ist immer so kühl hier—vom Regen und Nebel ganz zu schweigen.

Kerstin Sie stammen sicher aus dem Süden!

Junger Mann Ja, ich bin Münchner. Ich fuhr nach Kassel, um meine Osterferien hier zu verbringen. Etwa 14 Tage. Ich komme mindestens einmal im Jahr her. Letztes Jahr war ich im Dezember hier—zu Weihnachten. Aber dann sind die Tage kurz und die Nächte lang. Und das Kasseler Nachtleben ist auch keine Weltattraktion!

Kerstin *(lacht)* Hahaha. *(Stefan kommt. Man hört Schritte im Gang.)*

Stefan Kerstin! Da bist du ja. Du hast also deinen Platz schon gefunden.

Kerstin Jaja, das ist mein Abteil und dies ist mein Liegeplatz.

Junger Mann Richtig. Sie haben den oberen Platz, und ich habe den unteren.

Kerstin Gut, dann kann ich ja meinen Mantel dort hinlegen.

Stefan Komm doch noch ein Weilchen auf den Bahnsteig. Man bekommt dort mehr Luft, und außerdem ist es ruhiger. *(Stefan und Kerstin steigen aus und unterhalten sich auf dem Bahnsteig.)*

Stefan Kennst du dich gut aus in München? Weißt du, wie du nach Fürstenfeldbruck kommst?

Kerstin Naja. Ich bin mal vier Tage lang mit meiner Schwester in München gewesen; das war vor zwei Jahren. Aber ich weiß, wo Fürstenfeldbruck ist. Da fahre ich einfach mit der S-Bahn.

Stefan Sei bitte sehr vorsichtig!

Kerstin Ja. Ich rufe dich morgen früh gleich nach meiner Ankunft an.

Stefan Gut, und laß mich deine Adresse wissen. Ich mache mir Sorgen um dich.

Kerstin Ach, das brauchst du nicht. Ich nehme mir ein Zimmer in einem Hotel in Fürstenfeldbruck.

Stefan Und ruf mich bitte jeden Tag an—am besten abends, etwa um die Abendbrotzeit. Ich sehe, du hast bereits eine Reisebekanntschaft geschlossen. Er scheint ein netter Kerl zu sein. *(Ein Bahnbeamter geht an ihnen vorbei.)*
Beamter Alles einsteigen, bitte. Vorsicht bei der Abfahrt des Zuges!

Kerstin Ich muß einsteigen. Auf Wiedersehen, Stefan.
Stefan Wiedersehen, Kerstin. Paß gut auf dich auf!
Beamter Vorsicht bitte. Die Türen schließen automatisch! *(Er pfeift und der Zug fährt ab.)*

Fragen

1. Wohin will der Herr am Fahrkartenschalter fahren?
2. Wann wird Kerstins Zug in München ankommen?
3. Warum kauft sich Kerstin eine Liegewagenkarte?
4. Wie ist das Wetter in Kassel?
5. Wie lange war der junge Mann im Abteil in Kassel?
6. Wann ist Kerstin zum ersten Mal in Bayern gewesen?
7. Wie will Kerstin von München nach Fürstenfeldbruck fahren?
8. Was soll Kerstin jeden Abend tun?

6 Die Fahrt in den Süden

Kerstin geht in ihr Abteil und setzt sich auf ihren Platz. Gegenüber sitzt der junge Mann, der sich vorher mit ihr unterhalten hat; er liest eine englische Zeitung. Im Abteil sitzen nun noch zwei weitere Reisende—eine Mutter mit ihrer Tochter. Der Schaffner öffnet die Abteiltür.

Schaffner Die Fahrkarten bitte. *(Er überprüft die Fahrkarten.)* Danke. Der Speisewagen ist nun geöffnet. Bitte zwei Wagen nach vorn.

Junger Mann Also, ich gehe in den Speisewagen. Ich habe den ganzen Tag lang noch nichts gegessen, und jetzt bin ich hungrig wie ein Wolf. Möchten Sie mitkommen?

Kerstin Warum nicht. Ich hatte auch noch keine Zeit zum Abendessen. Ich habe nur eine Apfeltasche gegessen, als ich auf den Bus zum Bahnhof wartete. Ich komme gerne mit. *(Sie gehen durch den Zug, öffnen die Tür zum Speisewagen und treten ein.)*

Junger Mann Ah, dort ist ein freier Tisch. Nehmen wir den?

Kerstin Prima.—Ah, das ist ein schönes Gefühl sich einmal auszuspannen. Das war ein schrecklicher Tag!

Junger Mann Ja, das ist eben das Leben in der Stadt. Es macht einen einfach nervös.

Kerstin Das stimmt, aber ich möchte auch nicht woanders wohnen. Wissen Sie, ich bin in einer Kleinstadt auf dem Lande aufgewachsen. Aber das ist wirklich langweilig.

Junger Mann Das kann ich verstehen. Aber entschuldigen Sie, bitte. Ich habe mich noch gar nicht vorgestellt. Mein Name ist Martin Bergner.

Kerstin Freut mich. Ich heiße Kerstin Wiegand. *(Der Kellner kommt an den Tisch.)*

Kellner Guten Abend. Bitteschön, hier ist die Speisekarte. Darf ich Ihnen vor dem Essen etwas zu trinken bringen?

Kerstin Ja, ich habe großen Durst. Bitte bringen Sie mir einen Johannisbeersaft.

Martin Für mich bitte ein Bier.

Kellner Kommt sofort!

Martin War das Ihr Verlobter am Bahnsteig?

Kerstin Nein, das war nur ein Freund von mir. Übrigens, ich sah, daß Sie eine englische Zeitung lasen. Aber mit dem Namen Martin Bergner sind Sie doch kein Engländer, nicht wahr?

Martin Nein, da haben Sie recht. Ich bin Deutscher, aber ich unterrichte Englisch an einem Gymnasium in Gräfelfing—das ist ein Vorort von München.

Kerstin Ach, das ist komisch. Ich hatte Sie zuerst für einen Vertreter gehalten.

Martin Nein, ich habe Anglistik studiert. Schon als kleiner Junge wollte ich Englischlehrer werden. Der amerikanische Radiosender AFN in München war meine Lieblingsstation. Und wenn ich einen Touristen aus England oder Amerika traf, dann habe ich immer gleich mein Schulenglisch ausprobiert. Aber was tun Sie?

Kerstin Raten Sie mal!

Martin Hmm, sind Sie vielleicht Journalistin?

Kerstin Nein, das nicht, aber die Richtung stimmt schon. Ich bin Fotografin für eine geographische Zeitschrift.

Martin Aha, dann wollen Sie sicher die Berge fotografieren?

Kerstin Nein, diesmal fahre ich aus persönlichen Gründen nach Bayern—nach Fürstenfeldbruck. Bis in die Berge komme ich wahrscheinlich nicht.

Martin Ist das Ihre erste Reise nach Bayern? Möchten Sie München und Umgebung kennenlernen? Ich bin ein ausgezeichneter Reiseführer—auf deutsch und auf englisch.

Kerstin Das ist sehr nett von Ihnen, aber ich kenne mich schon ein bißchen aus. Ich war vor zwei Jahren schon einmal mit meiner Schwester in München. Wir waren damals mit dem Zelt unterwegs.

Martin Fahren Sie gerne auf Campingurlaub? Ich bin auch oft mit Freunden mit dem Zelt unterwegs gewesen. Einmal waren wir einen ganzen Monat unterwegs. Aber dann hat uns in einer Nacht ein Wildschwein angegriffen, und seitdem bin ich nicht mehr auf Campingreise gefahren. *(Der Kellner kommt.)*

Kellner Haben Sie sich etwas ausgesucht?

Kerstin Ja, bitte bringen Sie mir eine Tomatensuppe und ein Steak— gut durchgebraten—mit Bratkartoffeln und grünem Salat.

Kellner Möchen Sie auch eine Nachspeise?

Kerstin Ja, bitte einen Eisbecher mit Früchten.

Kellner Mit Schlagsahne oder ohne?

Kerstin Ohne, bitte.

Kellner Und Sie, mein Herr?

Martin Ich nehme das Kalbsschnitzel mit Sahnesoße; dazu Spätzle und einen Tomatensalat. Und als Nachspeise ein Stück Erdbeertorte— aber *mit* Sahne, bitte. *(wendet sich an Kerstin)* Möchten Sie ein Glas Wein zum Essen?

Kerstin Nein, danke, Ich bleibe bei meinem Johannisbeersaft.

Martin Also dann nur eine halbe Flasche Moselwein für mich—den Bernkasteler, bitte.

Kellner Bitteschön. *(Kellner geht weg)*

Martin Gut. Das haben wir geschafft. Wovon sprachen wir gerade? Ach ja, vom Camping. Sie kennen sich also ein bißchen in der Münchner Gegend aus? Wie lange werden Sie denn bleiben?

Kerstin Nur etwa eine Woche. Kennen Sie ein nettes kleines Hotel in Fürstenfeldbruck—nicht zu teuer?

Martin Sie haben recht, daß Sie in Fürstenfeldbruck wohnen möchten. Die alten Häuser, die engen Straßen—das ist alles so viel schöner als die Großstadt München. Ich bin in der Münchner Altstadt geboren, aber als ich etwa zehn Jahre alt war zogen meine Eltern in einen Vorort um—nach Lochham. Das ist dicht bei Gräfelfing. Ich wohne noch immer bei meinen Eltern, weil ich unverheiratet bin. Aber ich gehe gerne in der Innenstadt spazieren. Ach so, Sie wollten ja wissen, ob es da ein preiswertes Hotel gibt. Hmmm—ja, das Hotel Edelweiß. Es ist sauber und liegt nicht weit vom Bahnhof.

Kerstin Also das Hotel Edelweiß. Das klingt schon so richtig bayerisch und gemütlich. Übrigens, in welchem Hotel wohnen Sie denn, wenn Sie in Kassel sind?

Martin Das Geld kann ich mir sparen. Ich habe Freunde in Kassel—ein Ehepaar, das ich auf einer Reise nach England kennengelernt habe. Ah, endlich—hier kommt unser Essen.

Kellner Hier, bitteschön. Guten Appetit!

Kerstin Danke.

Martin Herr Ober, haben Sie das Brot vergessen?

Kellner Oh, entschuldigen Sie. Ich bringe es sofort.

Martin Also, Prost! Auf einen guten Aufenthalt in München!

Kerstin Danke, und guten Appetit!

Martin Danke gleichfalls! *(Sie essen.)* Das Essen ist wirklich ausgezeichnet. Schmeckt es Ihnen?
Kerstin Danke, sehr gut.
Martin Wenn Sie möchten, kann ich Sie in München gern zur S-Bahn bringen. Ich kenne mich am Hauptbahnhof gut aus.
Kerstin Das ist aber nett von Ihnen. Macht es Ihnen auch bestimmt nichts aus?
Martin Aber bestimmt nicht. Es ist ja gar nicht so weit vom Hauptbahnhof.
Kerstin Vielen Dank.
Martin Wo wir gerade vom Autofahren sprechen—die Fahrerei auf der Autobahn hasse ich. Die Leute fahren alle wie auf dem Nürburgring. Deshalb fahre ich auch immer mit dem Zug nach Kassel.
Kerstin Ach, das kommt Ihnen sicher nur so vor, weil Sie nicht daran gewöhnt sind. Ich finde, es macht sogar Spaß, wenn man mit 150 Kilometern in der Stunde durch die Landschaft fährt. In der Urlaubszeit darf man natürlich nicht auf der Autobahn fahren; da ist ja ganz Europa unterwegs.
Martin Also, ich finde eine Reise im Zug jedenfalls viel gemütlicher. Und außerdem bekomme ich im Auto kein so gutes Essen in so netter Gesellschaft... *(Sie unterhalten sich weiter während des Essens.)*

Fragen

1. Wo ist der Speisewagen in diesem Zug?
2. Was trinkt Kerstin?
3. Warum liest Martin Bergner eine englische Zeitung?
4. Was hält Herr Bergner vom Campingurlaub?
5. Welchen Beruf hat Kerstin?
6. Was bestellt sich Martin Bergner zum Abendessen?
7. Warum kennt sich Herr Bergner in München und Umgebung gut aus?
8. Warum fährt Martin lieber mit dem Zug als mit dem Auto?

7 So ein Zufall!

Kerstin kommt an der Rezeption des Hotels Edelweiß an. Der Besitzer des Hotels ist selbst dort.

Hotelbesitzer Wünschen Sie ein Zimmer?
Kerstin Ja, ein Einzelzimmer, bitte. Wenn möglich, mit Bad.
Hotelbesitzer Es tut mir leid, aber wir haben leider keine Zimmer mit Bad. Ich kann Ihnen aber ein Zimmer mit fließend Wasser anbieten. Die Toiletten und Badezimmer befinden sich im gleichen Flur. Das

Zimmer kostet 48 Mark pro Nacht, einschließlich Frühstück. Ist Ihnen das recht?

Kerstin Gut, ich nehme es.

Hotelbesitzer Möchten Sie lieber ein Zimmer mit Blick auf die Straße oder auf den Hof?

Kerstin Mit Blick auf die Straße, bitte. Ich möchte gerne etwas sehen.

Hotelbesitzer Gut. Wir servieren Frühstück von sieben bis zehn Uhr. Oh, bitte füllen Sie die Anmeldung aus. *(Sie schreibt.)*

Kerstin Hier, bitte.

Hotelbesitzer Ah, Sie kommen aus Kassel. Bleiben Sie länger in Fürstenfeldbruck?

Kerstin Ich weiß es noch nicht genau. Vielleicht zwei oder drei Tage.

Hotelbesitzer Hier ist Ihr Zimmerschlüssel—Nummer 23 im zweiten Stock.

Kerstin Danke.

Hotelbesitzer Moment, Fräulein, Sie haben Ihren kleinen Koffer stehen lassen.

Kerstin Oh, wie dumm von mir.

Hotelbesitzer Und hier, ist das Ihre Sonnenbrille?

Kerstin Ach ja—ich bin heute so zerstreut.

Hotelbesitzer Sie machen sich wohl Sorgen?

Kerstin Nein, ich bin nur etwas müde; das ist alles. Die Reise, wissen Sie? Danke. *(Kerstin kommt in ihr Zimmer—Nummer 23.)* Hmm, ein hübsches Zimmer. *(Sie öffnet das Fenster—Straßenlärm.)* Oh, was für ein hübscher Blick! *(Sie macht das Fenster wieder zu und nimmt den Telefonhörer ab.)* Ja, bitte ein Telefongespräch nach Kassel. Die Vorwahlnummer ist null-fünf-sechs-eins, und die Nummer ist zwo-drei-sieben-null-vier. Ja, ich warte...

Hallo? Stefan? Ja, ich bin's—Kerstin... Ja, ich hatte eine gute Reise. Ich habe ein Zimmer in einem kleinen Hotel in Fürstenfeldbruck. Es heißt Hotel Edelweiß und liegt in der Isarstraße. Hier ist die Telefonnummer: Vorwahl null-acht-eins-vier-eins, die Nummer ist eins-neun-neun-zwo-acht. Ich habe Zimmer Nummer 23. Stefan, hast du von Dirk gehört?...Ach, der im Zug? Ja, ein charmanter junger Mann. Martin Bergner heißt er. Er hat mir übrigens dieses Hotel empfohlen. Heute werde ich mir die Stadt anschauen und viel herumlaufen. Vielleicht sehe ich den schwarzen Wagen. Ich weiß, daß Fürstenfeldbruck eine größere Stadt ist, aber vielleicht habe ich Glück. Wenn ich in den nächsten beiden Tagen keinen Erfolg habe, wende ich mich an die Polizei. Ich rufe dich heute abend wieder an. Übrigens, kennst du ein gutes kleines Restaurant hier in der Nähe?...In der Haupstraße? Gut. Machen wir Schluß. Bis heute abend dann. *(Sie legt den Hörer auf.)*

Ich werde jetzt schnell ein Bad nehmen. Das Bad ist im Flur, sagte der

Hotelbesitzer. *(Sie öffnet den Koffer und nimmt ein paar Sachen heraus.)* Mein blauer Bademantel, mein Handtuch, meine Seife. So. *(Sie verläßt ihr Zimmer. Im Flur stößt sie auf einen Mann.)* Entschuldigen Sie, bitte.

Mann Oh, entschuldigen Sie, Fräulein. *(Er geht ins nächste Zimmer.)*
Kerstin *(zu sich)* Das ist ja unglaublich! Das ist doch wieder der Mann von der Telefonzelle. Ich träume doch nicht. Was macht der nur hier im Hotel? Das kann doch gar kein Zufall sein. Ich bin sicher—das ist der kleine Mann mit dem Bayernhut. Und im nächsten Zimmer. Naja, jetzt weiß ich genau, daß ich auf der richtigen Spur bin. Ganz ruhig bleiben. Mut fassen. Am besten rufe ich nochmal bei Stefan an. *(Sie geht in ihr Zimmer zurück.)* Ach, nein, es ist ja schon zehn Uhr, und Stefan ist nicht mehr zu Hause. Ich kann ihn also bis heute abend nicht erreichen. Hmm. *(Im gleichen Moment klopft jemand an ihre Tür.)* Wer ist dort?
Zimmermädchen Das Zimmermädchen. Ich habe Ihnen etwas auszurichten. Sind Sie Fräulein Wiegand?
Kerstin Bitte, kommen Sie herein. *(Das Zimmermädchen kommt herein mit einem Brief in der Hand.)*
Zimmermädchen Hier bitte, Fräulein.
Kerstin Danke. Hier, das ist für Sie. *(Sie gibt ihr ein Trinkgeld.)*

Zimmermädchen Vielen Dank. *(Sie verläßt das Zimmer und schließt die Tür hinter sich.)*

Kerstin Ein Brief? Jetzt schon? Von wem kann der denn sein? *(Sie öffnet den Brief und liest.)* Na so was! Von Martin Bergner. Was für eine furchtbare Handschrift—ich kann es kaum lesen: "Liebes Fräulein Wiegand, Ich hoffe, daß Ihnen das Hotel gefällt und daß Sie nach der anstrengenden Reise nicht zu müde sind. Sie haben nur sehr wenig geschlafen, weil ich viel zu viel geredet habe. Das ist mein größter Fehler und es tut mir leid. Bitte verzeihen Sie mir und nehmen Sie meine Einladung zum Abendessen heute abend an. Ich werde um acht Uhr im Restaurant "Zugspitze" auf Sie warten. Das Restaurant ist in der gleichen Straße wie ihr Hotel. Bitte kommen Sie! Bis heute abend. Ihr Reisefreund Martin Bergner." Hmm...interessant!

Fragen

1. Wer begrüßt Kerstin im Hotel Edelweiß?
2. Wann kann man im Hotel frühstücken?
3. Was muß Kerstin ausfüllen?
4. Warum vergißt Kerstin ihren Koffer und ihre Sonnenbrille an der Rezeption?
5. Was tut Kerstin als erstes in ihrem Zimmer?
6. Was nimmt Kerstin aus ihrem Koffer?
7. Wen trifft Kerstin auf dem Weg zum Badezimmer?
8. Warum hat Martin Bergner einen Brief an Kerstin geschrieben?

8 Was für ein Tag!

Im Restaurant "Zugspitze". Das Restaurant ist sehr voll. Es ist jetzt zwanzig Minuten nach acht. Martin Bergner sitzt an einem Tisch und wartet. Von Zeit zu Zeit schaut er auf seine Uhr. Kerstin kommt außer Atem im Restaurant an. Aber sie geht nicht zu Martins Tisch, sondern direkt an die Theke.

Kerstin Kann ich von hier aus ein Ferngespräch führen?

Barkeeper Gehen Sie bitte in die Telefonzelle—dort, neben der Garderobe. Haben Sie Kleingeld?

Kerstin Danke, ja. *(Kerstin geht in die Telefonzelle, wirft Münzen in den Apparat und wählt.)* Null-fünf-sechs-eins; zwo-drei-sieben-null-vier... *(Rufzeichen. Sie wartet.)* Stefan, Ja, ich bin's.

Stefan Tag, Kerstin! Wie geht's?

Kerstin Einen Moment, bitte. Ich bin ganz außer Atem. Was für ein Tag! Er ist mir überall nachgeschlichen.

Stefan Wer denn?
Kerstin Der Typ mit dem Bayernhut.
Stefan Was für ein Typ mit Bayernhut?
Kerstin Sei kein Idiot, Stefan! Der Mann von der Telefonzelle und vom Hotel hier in Fürstenfeldbruck.
Stefan Telefonzelle—Hotel? Wovon redest du eigentlich?
Kerstin Ach, entschuldige, bitte. Das kannst du ja nicht wissen. Also, als ich dich in Kassel anrief—von Dirks Haus aus—da stand ein Kerl mit einem Bayernhut auf der Straße. Er hat mich beobachtet und mir zugehört. Da habe ich absichtlich die Tür der Telefonzelle einen Spalt offen gelassen. Er ist mir irgendwie verdächtig vorgekommen. Und mein Trick hat gewirkt. Ich habe ihn hier im Hotel wiedergetroffen. Übrigens ist sein Zimmer direkt neben meinem. Und als ich heute Nachmittag einen Spaziergang machte, habe ich gemerkt, daß er mir folgte. Er muß zu der Bande gehören, die Dirk entführt hat. Ich wette er will mich umbringen. Stefan, ich habe furchtbare Angst! Du mußt sofort die Polizei einschalten.
Stefan Nein, noch nicht. Warte noch ein bißchen, Kerstin!
Kerstin Vielleicht hast du recht. Aber ich habe trotzdem Angst.
Stefan Von wo telefonierst du denn?
Kerstin Vom Restaurant "Zugspitze". Kennst du es? Es ist nicht weit von meinem Hotel—in der gleichen Straße. Ich bin hier zum Abendessen. Der junge Mann aus dem Zug hat mich eingeladen. Vielleicht ist das ein Komplize von dem kleinen Mann mit dem Bayernhut.
Stefan Ach wo. Du siehst schon überall Gespenster!
Kerstin Also, was soll ich tun, Stefan?
Stefan Natürlich mußt du vorsichtig sein. Ich glaube aber, daß der Herr Bergner nur mit dir flirten will. So sind die Münchner eben! Erzähl ihm doch einfach die ganze Geschichte. Er wird dich bestimmt beschützen wollen. Alleine kannst du jedenfalls nicht weitermachen.
Kerstin Du hast recht. Das mache ich. Und morgen rufe ich dich wieder an. Tschüs!
Stefan Ja, bis morgen. Einen schönen Abend!

Kerstin hängt den Hörer ein and verläßt die Telefonzelle. Sie geht zu dem Tisch, an dem Martin Bergner sitzt and setzt sich hin.

Kerstin Entschuldigen Sie bitte, Herr Bergner. Ich habe ein bißchen Verspätung.
Martin Gut, daß Sie da sind. Aber wo sind Sie denn hingegangen? Ich sah Sie wie aus der Pistole geschossen zur Theke rennen.
Kerstin Oh…hmm…ich—also, um ganz ehrlich zu sein: Ich habe einen Freund in Kassel angerufen. Das ist eine lange und komplizierte Geschichte.

Martin Wirklich? Erzählen Sie doch mal. Vielleicht kann ich Ihnen helfen.
Kerstin Kann ich Ihnen vertrauen?
Martin Ich schweige wie ein Grab. Ehrenwort!
Kerstin Also, ich bin nach Fürstenfeldbruck gekommen, weil ich nach meinem Verlobten suche. Ein paar Verbrecher haben ihn entführt.
Martin Entführt? Sind Sie vielleicht von der Polizei?
Kerstin Nein, nein. Sehen Sie, gestern sollte die Hochzeit sein, aber mein Verlobter kam nicht zum Rathaus. Man hat ihn kurz vor der Trauung entführt.
Martin Sind Sie sicher, daß es eine Entführung war? Vielleicht hat er im letzten Moment noch Angst bekommen...
Kerstin Nein, nein. Zwei Frauen haben es gesehen. Man hat ihn in einem großen schwarzen Wagen entführt...

Kerstin erzählt die Geschichte in allen Einzelheiten. Nach ein paar Minuten...

Martin Das ist ja wie im Film! Aber Sie sind in Gefahr. Und er ist Ihnen hierher gefolgt?
Kerstin Psst... Nicht so laut! Sehen Sie, er ist immer noch dort. Dort sitzt er—am Eingang. Brrr—er sieht verdächtig aus.
Martin Ach, der kleine Mann da drüben. Das ist ja nur eine halbe Portion. Keine Angst! Ich bin ja bei Ihnen. Ich werde Sie beschützen. Von jetzt an tun Sie nichts, ohne daß Sie mich anrufen. Abgemacht?
Kerstin Gut—abgemacht!
Martin Ah, hier ist der Ober.
Kellner Haben Sie sich entschieden?
Martin Ja, bitte bringen Sie mir Gedeck Nummer 2 und eine halbe Flasche Mosel. Und für die Dame einen Johannisbeersaft, nicht wahr, Fräulein Wiegand?
Kerstin Ja, bitte. Und ich nehme den Grillteller.
Kellner Jawohl. (*Stimme von der Bar*)
Stimme Telefon für Herrn Bergner—Herr Bergner, bitte?
Martin Ja, hier.
Stimme Bitte gehen Sie in die Telefonzelle.
Martin Entschuldigen Sie bitte, Fräulein Wiegand. Ich bin sofort zurück.

Martin geht zur Telefonzelle. Ein paar Minuten später kommt er zum Tisch zurück. Er ist etwas aufgeregt.

Martin Oh, es tut mir furchtbar leid. Aber meine Mutter ist hingefallen, und mein Vater ist sehr aufgeregt. Ich muß schnell nach Hause.
Kerstin Oh, ich hoffe es ist nichts Ernstes!
Martin Machen Sie sich keine Sorgen. Und guten Appetit. Ich rufe Sie später im Hotel an. Abgemacht? Ich hoffe Sie sind mir nicht böse.

Kerstin Natürlich nicht. Bis später dann.
Martin Herr Ober! Bitte streichen Sie meine Bestellung. *(Martin geht schnell los.)*

Fragen

1. Warum geht Kerstin nicht direkt zu dem Tisch, an dem Martin sitzt?
2. Warum versteht Stefan nicht, was Kerstin von dem kleinen Mann mit dem Bayernhut erzählt?
3. Wie versteht Kerstin die Tatsache, daß ihr der kleine Mann folgt?
4. Welchen Rat bekommt Kerstin von Stefan am Telefon?
5. Was hält Martin von dem kleinen Mann?
6. Was bestellt sich Kerstin zu essen und trinken?
7. Warum muß Herr Bergner schnell nach Hause fahren?
8. Was sagt Martin zum Ober, bevor er das Restaurant verläßt?

9 In der Falle

Noch immer im Restaurant. Kerstin sitzt am Tisch und ist gerade mit dem Abendessen fertig. Der Ober bringt ihr eine Tasse Kaffee.

Kellner Hier ist Ihr Kaffee.
Kerstin Danke. Sagen Sie, Herr Ober, sehen Sie den Mann dort an der Tür?
Kellner Einen Moment, bitte. Ich muß mir die Brille aufsetzen. Ah, Sie meinen den kleinen Mann mit dem Hut, der die Weißwürste ißt? Jaja, ich sehe ihn. Kennen Sie ihn?
Kerstin Nein, aber er hat mich den ganzen Abend lang angestarrt.
Kellner Naja, das kann ich verstehen; Sie sind sehr hübsch! Und Sie haben ihren Begleiter verloren.—Aber Sie stammen nicht aus Bayern, nicht wahr? Ich wette, Sie sind auf Urlaub hier.
Kerstin Na, so halb und halb.
Kellner Möchten Sie vielleicht später mit mir ins Kino gehen? Ich bin um zehn Uhr mit der Arbeit fertig. Ich wollte mir gerne "Das Boot" ansehen. Der Film soll sehr gut sein. Haben Sie ihn schon gesehen?
Kerstin Nein, noch nicht. Ich habe aber in der Zeitung davon gelesen. Er soll ausgezeichnet sein.
Kellner Ja. Kommen Sie mit?
Kerstin Nein, ich kann nicht. Ich bin verlobt, und wir wollen bald heiraten.
Kellner Da haben Sie einen besonderen Grund auszugehen und sich zu amüsieren. Genießen Sie die letzten Tage der Freiheit. Oder

möchten Sie vielleicht in einen Jazzkeller gehen. Ich liebe Musik.

Kerstin Ja, ich auch. Spielen Sie ein Instrument?

Kellner Ja, ich spiele Trompete. Ich gehöre zu einer Amateurgruppe. Wir treffen uns einmal in der Woche. Und Sie? Spielen Sie ein Instrument?

Kerstin Nein, aber ich singe ein bißchen.

Kellner Interessant. Möchten Sie noch eine Tasse Kaffee?

Kerstin Nein danke. Ich möchte zahlen, bitte.

Kellner Hier ist die Rechnung. Das macht zusammen 28 Mark. Gehen Sie nun mit ins Kino?

Kerstin Nein danke, ich bin ein bißchen müde. Und in einer halben Stunde ruft mich ein Freund an.

Kellner Wie schade. Aber haben Sie morgen etwas vor?

Kerstin Ich finde, Sie werden ein bißchen aufdringlich. Hier bitte.

Kellner 28 plus 2 macht dreißig. Dankeschön.

Kerstin Danke.

Sie verläßt das Restaurant, und der kleine Mann folgt ihr. Sie kommt außer Atem im Hotel an.

Kerstin Bitte geben Sie mir meinen Zimmerschlüssel.

Hotelbesitzer Hier ist er. Fräulein, ist Ihnen etwas? Sie sehen so blaß aus.

Kerstin Nein, nein. Schnell—den Schlüssel bitte.

Hotelbesitzer Nummer 23—hier bitte.

Kerstin nimmt den Schlüssel und geht zum Fahrstuhl. Sie steigt ein, aber bevor sie hinauffahren kann, kommt der kleine Mann mit dem Bayernhut in den Fahrstuhl.

Kleiner Mann Entschuldigen Sie—ich fahre auch hinauf.

Im Fahrstuhl: Kerstin steht in der Ecke. Sie fürchtet sich. Der kleine Mann steht an den Bedienungsknöpfen, eine Hand in der Tasche.

Kleiner Mann Zweiter Stock, nicht wahr?
Kerstin Ja, ich…nein…ah…
Kleiner Mann Fühlen Sie sich nicht wohl?
Kerstin Es ist…also, warum folgen Sie mir?
Kleiner Mann Ich folge Ihnen nicht. Ich passe auf Sie auf. *(Der kleine Mann drückt auf den Knopf für den vierten Stock.)*
Kerstin Sie haben Nummer vier gedrückt. Ich fahre in den zweiten Stock.
Kleiner Mann Ich habe mich geirrt. Wie dumm von mir. Naja, da habe ich wenigstens Gelegenheit Ihnen alles zu erklären. Wie heißt der Mann, den Sie im Restaurant getroffen haben?
Kerstin *(hat Angst)* Ich weiß nicht—ich weiß überhaupt nichts! Lassen Sie mich zufrieden. Hilfe! Wo ist mein Verlobter?
Kleiner Mann Ihr Verlobter? Wir kümmern uns um ihn. Hören Sie mir zu. Ich empfehle Ihnen, daß Sie mit in mein Zimmer kommen. Ich habe hier ein kleines Spielzeug in der Tasche. *(Er zeigt ihr eine Pistole.)* Jeder Fluchtversuch ist sinnlos. Machen Sie mich nicht ärgerlich!

Der Fahrstuhl kommt im vierten Stock an und hält. Die Tür öffnet sich, und eine dicke Frau will einsteigen.

Kleiner Mann Sie können nicht einsteigen. Hier—sehen Sie das Schild: Höchstlast 2 Personen.
Dame Ich habe es eilig. Ich verpasse sonst eine Verabredung. Außerdem—zwei oder drei Personen—das macht doch keinen Unterschied.
Kleiner Mann Keinen Unterschied. Keinen Unterschied? Mit Ihnen macht das mindestens vier Personen. Gehen Sie doch die Treppe runter. Das macht schlank.
Kerstin Aber nein, das ist doch nicht nötig. Ich werde die Treppe runtergehen. Hier bitte, gnädige Frau, steigen Sie ein.
Dame Das ist aber nett von Ihnen, Fräulein. Vielen Dank. Und Sie sind vielleicht ein Büffel! Es gibt überhaupt keine Kavaliere mehr in dieser Welt!

Kerstin verläßt eilig den Fahrstuhl; die dicke Frau steigt ein. Kerstin beeilt sich, rennt die Treppe hinunter, kommt an ihre Zimmertür, schließt auf und geht hinein. Sie schließt von innen zweimal ab.

Kerstin Da bin ich gerade noch davongekommen!

Fragen

1. Was ißt der kleine Mann?
2. Welchen Film möchte sich der Ober mit Kerstin zusammen ansehen?

3. Warum will Kerstin nicht mit dem Kellner ausgehen?
4. Was für ein Instrument spielt Kerstin?
5. Warum ist Kerstin außer Atem, als sie in ihrem Hotel ankommt?
6. Warum fürchtet sich Kerstin im Fahrstuhl?
7. Wie entkommt Kerstin dem kleinen Mann?
8. Warum ist die dicke Dame wütend auf den kleinen Mann?

10 Ein unerwarteter Besucher

Kerstin geht in ihrem Hotelzimmer auf und ab.

Kerstin Ich hatte recht. Das ist der Kerl, der Dirk entführt hat. Warum nur? Was wollen sie von ihm? Ich muß zur Polizei gehen. Nein, zuerst rufe ich Martin an. Warum hat er mich eigentlich noch nicht angerufen; er hatte es doch versprochen. Wo habe ich denn seine Telefonnummer? *(Sie wühlt in ihrer Handtasche herum.)* Ach hier. *(nimmt den Telefonhörer ab)* Ja, bitte geben Sie mir München 32-64-61. *(Im gleichen Augenblick klopft es an der Tür.)*
Kerstin *(den Hörer in der Hand)* Moment, bitte. Wer ist dort?
Martin Ich bin's—Martin Bergner.
Kerstin *(laut)* Prima. Ich komme. *(ins Telefon)* Danke, es ist schon erledigt. *(hängt ab)* *(Sie geht zur Tür und öffnet sie—zweimal abgeschlossen! Martin und Stefan stehen vor ihr.)*
Kerstin Was? Stefan? Du bist auch hier? Aber vor drei Stunden warst du doch noch in Kassel?
Stefan Ich bin mit dem Flugzeug gekommen. Ich habe mir Sorgen um dich gemacht, und außerdem folgte mir ein schwarzer Wagen.
Kerstin Wie bitte? Dir auch? Übrigens—kennst du Martin Bergner?
Stefan Eh, nein, wir kennen uns nicht. Wir haben uns gerade vor deiner Tür getroffen.
Martin Ich wollte nur schnell vorbeikommen und nach Ihnen schauen, Fräulein Wiegand.
Kerstin Aber ich verstehe das alles nicht. Warum kommt ihr denn beide mit einem Koffer an?
Stefan Naja, ich bemerkte, daß mir dauernd ein schwarzer Wagen folgte. Das wurde mir ziemlich unheimlich. Da habe ich schnell meinen Koffer gepackt und bin nach München geflogen.
Martin Und ich habe mir Sorgen gemacht. Darum habe ich schnell ein paar Sachen eingepackt. Ich wollte mir hier im Hotel ein Zimmer nehmen, damit ich Sie beschützen kann.

Stefan Ich habe mir am Flughafen ein Taxi genommen; und wieder folgte mir ein schwarzer Wagen. Aber für einen extra Zehnmarkschein hat der Taxifahrer den Verfolger "verloren".

Kerstin Ich bin sicher, daß sie uns hier finden werden. Ich habe dir doch von dem kleinen Mann mit dem Bayernhut erzählt, der hier im nächsten Zimmer wohnt.

Stefan Jaja, und?

Kerstin Er hat mich vor einer Stunde im Fahrstuhl eingefangen. Er hat mich mit einer Pistole bedroht, aber ich bin ihm entkommen.

Martin Dann sitzen wir hier in der Falle.

Kerstin Ja. Am besten rufen wir sofort die Polizei an. Es ist keine Minute zu verlieren! *(Sie geht schnell zum Telefon.)*

Stefan Nein, warte! Tu das nicht. Wenn die Verbrecher merken, daß wir die Polizei eingeschaltet haben, dann bringen sie womöglich Dirk um. Aber hier können wir auch nicht bleiben. Wir müssen raus. Am besten fahren wir nach Kassel zurück. Herr Bergner hat seinen Wagen vor dem Hotel geparkt. Wenn wir erst mal aus Fürstenfeldbruck heraus sind, dann können wir die Polizei anrufen.

Kerstin Aber was soll aus Dirk werden? Nein, ich kann nicht einfach weglaufen. Ich muß Dirk finden. Und ich will auch nicht mehr Detektiv spielen. Wir haben schon zu lange gewartet; jetzt müssen wir die Polizei holen!

Stefan Sei kein Idiot, Kerstin! Ich sage, daß wir sofort aufbrechen. Wir dürfen keine Zeit verlieren. Los. Pack deinen Koffer und komm mit. Schluß mit der Quatscherei! Mach, was ich dir sage!

Kerstin Stefan, bist du verrückt? Was ist denn nur los mit dir?

Stefan Nehmen Sie Kerstins Sachen und packen Sie sie in den Koffer da.

Kerstin Nein, hört mir zu! Wir müssen die Polizei anrufen.

Stefan Jetzt halt endlich den Mund, bevor ich ärgerlich werde. *(Martin wirft rücksichtslos Kerstins Sachen in den Koffer.)*

Stefan Da—die Strümpfe auf dem Bett—und die Zahnbürste auf dem Waschbecken.

Martin So. *(schlägt den Kofferdeckel zu)* Geschafft!

Stefan Gut. Los jetzt. Sie gehen zuerst—dann du, Kerstin—ich gehe als letzter. Und mach keine Dummheiten, Kerstin!

Kerstin Das geht doch nicht! Wir müssen die Polizei anrufen!

Stefan Vorwärts! Und leise! Herr Bergner, schauen Sie auf den Flur. Ist die Luft rein? *(Martin öffnet die Tür, schließt sie aber schnell wieder.)*

Martin Psst!

Stefan Was ist denn los?

Martin Da sind Leute im Flur. Ein Ehepaar unterhält sich draußen. *(Eine Tür schlägt zu.)* Aha! Sie müssen ins Zimmer gegangen sein.

Stefan Gut. Also, gehen wir. *(Martin öffnet die Tür und…)*

Martin Alles klar. Wir können…

Kerstin Nein, nein. Ich will nicht!

Stefan Dumme Gans. Los, geh schon! *(Sie gehen leise auf den Flur und schließen die Tür hinter sich.)* Psst—keinen Laut, wenn wir an der nächsten Zimmertür vorbeigehen.

Sie gehen in kleinen Schritten leise den Gang entlang. Sie kommen bis an die nächste Tür. Plötzlich öffnet sich die Tür und vier Männer stürzen sich auf Kerstin.

Kerstin Au, lassen Sie mich los. Stefan! Martin! Hilfe! *(Gedrängel, heftiges Atmen, Fußtritte usw.)*

Kerstin wird mit Gewalt in das Zimmer des kleinen Mannes mit dem Bayernhut gezerrt.

Stimme Nehmt ihm seine Pistole weg!

Stefan Aua! Idioten! Martin!

Martin Ich tue, was ich kann. Aua. *(Kampfgeräusche)*

Stimme Los, knebelt sie. Sie machen zuviel Lärm. *(Stefan und Martin werden geknebelt.)*

Stimme So, das haben wir!

Stefan Hmmmmm, hmmmmm, hmmmmm!

Martin Hmmmmm, hmmmmm, hmmmmm!

Stimme Gut! Bringt sie die Hintertreppe runter. Wir haben Glück. Niemand hat etwas bemerkt. Schnell! Der Wagen steht hinter dem Hotel.

Die Zimmertür öffnet sich und Kerstin rennt weg, so schnell sie kann. Ein Mann folgt ihr, kann sie aber nicht einholen.

Stimme Mist—sie ist weg!

Fragen

1. Warum ist Kerstins Zimmertür zweimal abgeschlossen?
2. Warum hat Martin einen Koffer mitgebracht?
3. Warum hat Stefan dem Taxifahrer einen extra Zehnmarkschein gegeben?
4. Warum will Stefan nicht, daß Kerstin die Polizei anruft?
5. Was packt Martin in Kerstins Koffer?
6. Wo hat Martin seinen Wagen geparkt?
7. Was geschieht im Gang des Hotels?
8. Wo haben die vier Männer ihr Auto geparkt?

11 Die Polizei—Dein Freund und Helfer...

In der Polizeiwache in Fürstenfeldbruck. Kerstin kommt außer Atem an. Drei ungeduldige Leute warten bereits: eine junge Frau mit viel Make-up; ein zerlumpter Mann; eine dicke Frau, die heftig weint. Ein weiterer Mann spricht mit dem Polizisten; der Mann hat ein Huhn im Arm.

Kerstin Herr Wachtmeister, bitte...

Junge Frau Heh, einen Moment mal! Immer der Reihe nach! Wir waren zuerst hier! Nur keine Hast!

Polizist Das ist ja zum Verzweifeln! Und immer, wenn ich Dienst habe, kommen sie sich alle beklagen. Das ist doch nicht die Heilsarmee hier! Also Sie, was ist los? Was wollen Sie denn hier mit dem Huhn? Soll das ein Witz sein?

Mann mit Huhn Ich habe es Ihnen doch schon gesagt, Herr Wachtmeister. Ich habe das Huhn auf der Straße gefunden. Beinahe hätte ich das arme Huhn überfahren. Ach, das wäre ja furchtbar gewesen. Ein armes, kleines, hilfloses Hühnchen! Und dann...

Polizist Das reicht! Erzählen Sie mir keine Märchen. Also, ich schreibe ins Protokoll: Der Mann hat das Huhn auf der Straße gefunden. Wo denn?

Mann Augsburgerstraße—vor dem Kino.

Polizist *(murmelt vor sich hin)* Augs-bur-ger-stra-ße. Und wann war das?

Mann So um Viertel nach zwölf.

Polizist *(schreibt)* Zwölf Uhr fünfzehn. Gut. Ihr Name?
Mann Huber, Alois.
Polizist Adresse?
Mann Marktgasse 36.
Polizist Gut. Unterschreiben Sie hier. So. Was für ein Beruf! Robert, sperr das Huhn in Zelle 2. Der Nächste!

Die junge Frau mit Make-up kommt zum Tisch. Man hört die dicke Frau weinen.

Polizist Hören Sie mit der Flennerei auf. Man kann ja kein Wort verstehen. Also, was ist los Irma? Hat dir jemand den Lippenstift gestohlen?
Irma Ach, Herr Wachtmeister. Es ist viel schlimmer. Sie wissen ja, ich gehe abends gerne auf der Straße spazieren...und...
Polizist Nur um ein bißchen frische Luft zu schnappen, nicht wahr? *(Er lacht.)*
Irma Genau. Frische Luft ist so gesund.
Polizist Weiter, weiter. Also, du gingst spazieren, und dann?
Irma Also, das geht schon eine ganze Woche so. Drei Jungen, diese Rotznasen, sie liefen hinter mir her und riefen alle möglichen Schimpfworte. Es ist furchtbar! Ich kann gar nicht mehr spazieren gehen. Und dann...
Polizist Ja ja, wir werden uns darum kümmern. Heute ist es bereits zu spät. Und alle diese Leute warten.
Irma Also morgen? Kommen Sie ganz bestimmt?
Polizist Ja, sicher! Geh jetzt nach Hause.
Irma Ach, Sie sind ein lieber Mensch, Herr Wachtmeister!
Polizist Fein. Der nächste bitte!

Die dicke Frau steht auf und kommt an den Tisch. Sie weint immer noch.

Dicke Frau Ach, Herr Wachtmeister. Er hat mich verlassen. Er ist weg.
Polizist Was ist los? Wer denn?
Dicke Frau Jemand hat meinen Peter entführt. Was soll denn nur werden. Heute abend wird er sein Schnitzel nicht bekommen. Was für ein Unglück! Ich werde nie mehr ausgehen können. Ich werde nie mehr lachen. Ich werde nicht mehr schlafen können. Ich werde nicht mehr essen können. Oooooh...
Polizist Beruhigen Sie sich, gute Frau! Also, Peter ist weg. Sein Vorname ist Peter? Und der Familienname?
Dicke Frau Ach, er ist einfach mein Peter. Ich sage immer nur Peter zu ihm.
Polizist Also, Sie gehen mir langsam auf die Nerven. Er muß doch einen Nachnamen haben. Jeder hat einen Nachnamen. Und vielleicht ist er einfach weggegangen.

Dicke Frau Nie! Er ist doch mein Baby, mein Goldstückchen, mein Herzblättchen…
Polizist Aha. Sie reden von ihrem Kind! Wie alt ist denn Ihr Sohn?
Dicke Frau Ich hatte ihm gerade letzte Woche ein neues Halsband gekauft—sein Name ist darauf eingraviert. Und eine neue Leine hat er auch. Was für ein Unglück. Was für eine Katastrophe!
Polizist Ein Halsband? Eine Leine? Ein Kind an der Leine?
Dicke Frau Wer redet denn von einem Kind. Peter ist mein süßes Hündchen, mein Goldschatz…
Polizist Ich werde verrückt. Also, Ihr Hund ist weg. Möchten Sie vielleicht als Ersatz ein nagelneues Huhn haben? Meine Güte! Heute haben wir die Verrückten aus ganz München hier. Von denen hat keiner alle Tassen im Schrank! Zuerst bringt mir einer ein Huhn; jetzt fehlt ein Hündchen. Hören Sie, ich bin doch nicht der Hundefänger! Setzen Sie eine Anzeige in die Zeitung oder kleben Sie einen Zettel an den nächsten Baum. Los. Der nächste.
Dicke Frau *(Die dicke Frau geht weg—weint.)* Mein armer Peter, wo bist du?
Armer Mann Gehen Sie ruhig vor mir hin, junge Frau. Ich habe viel Zeit. Und ich bin schon neugierig auf Ihre Geschichte. Das ist wie im Zirkus hier! Und es kostet nicht einmal Eintritt.
Kerstin Herr Wachtmeister. Ich möchte eine Anzeige machen. Man hat meinen Verlobten in Kassel entführt, und ich bin selbst in Gefahr. Man hat gerade versucht mich auch zu entführen. Ich bitte um Schutz. Und ich weiß, wo die Verbrecher sind. Sie haben außerdem noch zwei Freunde von mir entführt. Sie…
Polizist Halt, halt, nicht so schnell, Fräulein. Zuerst mal Ihren Namen, bitte. Das klingt endlich nach richtiger Arbeit.
Kerstin Ich heiße Kerstin Wiegand.
Polizist Gut. Und Sie sagen, Sie wissen, wo die Verbrecher sind?
Kerstin Ja. Sie sind im Hotel Edelweiß in der Isarstraße—direkt neben meinem Zimmer im zweiten Stock.
Polizist Moment mal, das ist eine Sache für den Kommissar. *(Er nimmt den Hörer ab und wählt eine Nummer.)* Ja, hier Wachtmeister Angerhofer. Herr Kommissar, ich habe hier ein Fräulein Wiegand. Sie meldet eine Entführung—Menschenraub—sie weiß, wo die Verbrecher sind…Jawoll, verstanden, Herr Kommissar. Ende. *(Er legt den Hörer auf.)* Bitte warten Sie einen Moment. Der Kommissar kommt sofort.
Kerstin Danke.
Polizist Was für ein Job! Ich kann Ihnen sagen…Also, der nächste bitte!

Fragen
1. Warum hat der Mann ein Huhn zur Polizeiwache gebracht?

2. Was macht der Polizist mit dem Huhn?
3. Worüber beschwert sich die junge Frau?
4. Warum weint die dicke Frau?
5. Was für einen Rat gibt der Polizist der dicken Frau?
6. Warum läßt der arme Mann jetzt Kerstin mit dem Polizisten sprechen, obwohl er an der Reihe ist?
7. Was meldet Kerstin dem Polizisten?
8. Warum ruft Wachtmeister Angerhofer beim Polizeikommissar an?

12   Die Falle schnappt zu

Noch immer auf der Polizeiwache. Eine Viertelstunde später. Kerstin sitzt auf einer Bank und wartet.

Polizist   Fräulein Wiegand? Der Kommissar ist jetzt in seinem Büro. Hier entlang, bitte.
Kerstin   Danke. *(Sie geht ins Büro des Polizeikommissars.)* Moment mal—habe ich Sie nicht schon mal irgendwo gesehen?
Kommissar   Das ist möglich. Sind Sie sicher?
Kerstin   Ja, ich weiß nicht. Es scheint mir…
Kommissar   Warten Sie. Vielleicht ist es einfacher, wenn ich meinen Hut aufsetze. *(Er nimmt seinen Hut.)* Sehen Sie?
Kerstin   Was? Sie sind von der Polizei? Das muß doch ein Irrtum sein!
Kommissar   Nein, ich bin Kommissar Kreibich—Ihr Freund und Helfer!
Kerstin   Also, jetzt verstehe ich überhaupt nichts mehr. Das hätten Sie mir doch sagen können. Und Sie haben versucht mich im Fahrstuhl zu ermorden.
Kommissar   Unsinn. Ich versuchte nur Sie zu beschützen. Ich konnte mich nicht früher zu erkennen geben, denn ich war einem Verbrecher auf der Spur. Und Sie waren mir im Wege, ohne daß Sie es wußten. Aber nur durch Ihre Hilfe war es uns möglich die Verbrecher zu fangen.
Kerstin   Hat Dirk etwas damit zu tun?
Kommissar   Nein, natürlich nicht. Aber er hat uns auch geholfen. Es ist eine lange Geschichte. Seit über einem Monat haben wir schon nach zwei jungen Männern gesucht, die hier in Fürstenfeldbruck eine Bank ausgeraubt hatten. Nach etwa drei Wochen fanden wir die Spur von einem gewissen Stefan Maier in Kassel.
Kerstin   Stefan? Das doch unmöglich!
Kommissar   Ja, Stefan Maier. Die Filmkamera in der Bank hat gut funktioniert. Und im Austausch für seine Freiheit wollte er das Geld

zurückgeben und seinen Komplizen verraten. Wir verabredeten ein Treffen, aber er war schlauer als wir dachten. Er hatte uns gesagt, daß er uns um 10.00 Uhr morgens im Smoking an einer Telefonzelle treffen würde. Und dann hat er Dirk geschickt. Und den Rest wissen Sie ja.

Kerstin Das war also die Telefonzelle vor Dirks Haus, wo er ihn abholen wollte.

Kommissar Genau. Und gleichzeitig konnte er sich von seinem Komplizen, Martin Bergner, absetzen. Und das gestohlene Geld nahm er natürlich mit.

Kerstin Dann kannten sich die beiden also. Aber sie hatten nicht damit gerechnet, daß ich darauf bestehen würde Dirk selbst zu finden.

Kommissar Das stimmt. Sie haben großen Mut gezeigt. Dirk wird sehr stolz auf Sie sein.

Kerstin Und dann wurde alles noch viel komplizierter, als ihnen klar wurde, daß man mir folgte. Sie hatten den Verdacht, daß es die Polizei war.

Kommissar Ja. Die Kerle wollten Sie so schnell wie möglich loswerden.

Kerstin Jetzt verstehe ich alles! Der Telefonanruf im Restaurant—das war Stefan, der den Martin warnte. Und deshalb mußte er so schnell weg.

Kommissar Ja. Stefan hatte beschlossen, Sie zu entführen, und wer weiß wo hinzubringen.

Kerstin Ja, natürlich. Martin hat den Stefan am Flughafen abgeholt, und darum sind sie auch zusammen zum Hotel gekommen. Und Sie waren nebenan, nicht wahr?

Kommissar Genau. Mit meinen Polizeibeamten. Wir bewachten Sie rund um die Uhr. Außerdem hatten wir ein Mikrofon in Ihr Zimmer eingebaut. Wir hörten jedes Wort.

Kerstin Und ich dachte, daß Sie der Verbrecher waren. Warum sind Sie mir denn in den Fahrstuhl gefolgt?

Kommissar Ich wußte bereits, daß Stefan auf dem Wege nach München war. Ich wollte Sie in mein Zimmer bringen, um Sie zu beschützen. Das war die einzige Möglichkeit. Und ich konnte Ihnen nicht sagen, daß ich von der Polizei war. Das hätten Sie nie geglaubt!

Kerstin Da haben Sie recht. Was für eine Geschichte! Aber wo ist Dirk?

Kommissar Keine Angst. Er ist in Sicherheit. Wir wollten ihn beschützen, bis wir die Verbrecher gefaßt hatten. Sie waren unsere einzige Hoffnung. Und Sie waren großartig—eine richtige Heldin!

Kerstin Aber was wird nun mit Stefan Maier und Martin Bergner werden?

Kommissar Naja, die werden ein paar Jahre lang im *Luxushotel Stadelheim* wohnen—da ist bestimmt noch eine Zelle frei! Glücklicherweise haben wir auch das Geld gefunden.

Kerstin War das vielleicht in einem der Koffer?

Kommissar Ja, die waren beide voll Geld.—Aber Sie werden jetzt müde sein nach all der Aufregung. Morgen können Sie und Dirk nach Kassel zurückfahren. Übrigens wartet er draußen auf Sie.

Kerstin Vielen Dank, Herr Kommissar! *(Die Tür öffnet sich und Dirk kommt herein.)*

Dirk Kerstin!

Kerstin Dirk!

Am folgenden Morgen im D-Zug im Hauptbahnhof München. Kerstin und Dirk sitzen allein im Abteil. Der Zug ist noch nicht abgefahren.

Kerstin Sag mal, Dirk, warum hast du denn dem Stefan vertraut, als er dich anrief?

Dirk Ich hatte lange nichts von ihm gehört. Er war eben nur ein alter Kamerad von der Bundeswehr. Aber laß uns von etwas anderem sprechen. Was machen wir denn, wenn wir in Kassel ankommen?

Kerstin Na, das ist doch klar: Wir heiraten so schnell wie möglich. Und dieses Mal gehen wir zusammen zum Rathaus.

Dirk Kerstin, wir kommen auf unserer Reise durch Nürnberg. Wollen wir die Reise unterbrechen? Wir könnten uns die alte Burg und das

Dürerhaus ansehen.
Kerstin Ach nein, Dirk. Ich möchte lieber direkt nach Kassel zurückfahren. Dann können wir morgen gleich heiraten und auf Hochzeitsreise gehen, und dann...
Die Abteiltür öffnet sich und Kommissar Kreibich kommt herein—mit dem Bayernhut auf dem Kopf.
Kommissar Grüß Gott! Wie geht's? Ich wollte Sie nicht losfahren lassen, ohne noch auf Wiedersehen zu sagen und Ihnen viel Glück zu wünschen. Ach, bevor ich es vergesse: Hier ist ein Umschlag für Sie mit der Belohnung von der Bank. Zehntausend Mark. Ist das nicht ein schönes Hochzeitsgeschenk?
Dirk Phantastisch—vielen Dank.
Kerstin Wie nett von Ihnen. Herr Kommissar, kommen Sie doch mit uns mit. Sie sind herzlich zur Hochzeit eingeladen.
Kommissar Dankeschön für die Einladung. Aber ich bin viel zu sentimental. Bei Hochzeiten muß ich immer weinen.
Lautsprecher *(auf dem Bahnsteig)* Bitte einsteigen und Vorsicht bei der Abfahrt des Zuges. Achtung. Türen schließen automatisch.
Kommissar Jetzt aber schnell. Nochmals—auf Wiedersehen und viel Glück!
Kerstin und Dirk Auf Wiedersehen, Herr Kommissar! *(Der Aufsichtsbeamte pfeift, und der Zug fährt ab.)*

Fragen

1. Woran erkennt Kerstin den Polizeikommissar?
2. Warum sucht die Polizei nach zwei jungen Männern?
3. Woher kennt der Polizeikommissar Stefan Maier?
4. Wer hat Martin Bergner wirklich im Restaurant angerufen?
5. Was war in dem Koffer, mit dem Martin Bergner zum Hotel kam?
6. Was möchte sich Dirk gerne in Nürnberg anschauen?
7. Was für ein Hochzeitsgeschenk bringt Kommissar Kreibich mit?
8. Warum will Kommissar Kreibich nicht zur Hochzeit kommen?

Wörterverzeichnis

A

ab from
der **Abend, -e** evening
das **Abendbrot** supper, evening meal
die **Abendbrotzeit, -en** supper time
das **Abendessen** supper
abends in the evening
das **Abenteuer, -** adventure
aber but, however
abfahren (u,a) to depart; to ski downhill
die **Abfahrt, -en** departure; down hill (ski) run
abgemacht agreed
abholen to pick up
abnehmen (a,o) to take off, lift off
abschließen (o,o) to lock
sich **absetzen** to get away
absichtlich intentional
das **Abteil, -e** compartment (train)
acht eight
achten auf to watch for
die **Achtung** caution, attention
die **Adresse, -n** address
AFN American Forces Network (radio station in Germany)
ahnen to suspect
die **Ahnung, -en** suspicion, notion
ähnlich similar
alle all, everybody
allein (e) alone
alles everything
die **Alpen (pl.)** Alps, (mountains in the southern part of Germany, Switzerland and Austria)
alt old
die **Altstadt, ¨e** old section of town
die **Amateurgruppe, -n** amateur group
die **Ampel, -n** traffic signal
sich **amüsieren** to have a good time
an at, to
anbieten (o,o) to offer
anderer, -e, -es other
sich **ändern** to change
die **Anglistik** study of English philology
angreifen (i,i) to attack
die **Angst, ¨e** fear, anxiety
ankommen (a,o) to arrive
die **Ankunft, ¨e** arrival
die **Anmeldung, -en** registration (form)
der **Anruf, -e** phone call
anrufen (ie,u) to call (phone)
sich **anschauen** to look at/over
anstarren to stare at
anstatt instead
sich **anstellen** to get in line
die **Anzeige, -n** notice

anziehen (o,o) to put on (clothes)
die **Apfeltasche, -n** apple turnover
der **Apparat, -e** device (phone, camera, etc.)
der **Appetit** appetite
Guten Appetit! Enjoy your meal.
die **Arbeit, -en** work
arbeiten to work
ärgerlich angry
arm poor
der **Arm, -e** arm
der **Atem** breath
außer Atem out of breath
Aua! Ouch!
auf und ab back and forth
aufbrechen (a,o) to leave, start out
aufdringlich intrusive, fresh
der **Aufenthalt, -e** stay
aufgeregt excited
aufheben (o,o) to pick up; to save
aufhören to stop, cease
auflegen to put/lay down
aufmachen to open
aufmerksam attentive
die **Aufregung, -en** excitement
aufschließen (o,o) to unlock
aufsetzen to put on
der **Aufsichtsbeamte, -n** train official
der **Augenblick, -e** moment
aus out of, from
ausfragen to interrogate, question
ausfüllen to fill out
ausgehen (i,a) to go out
Ausgerechnet! Of all things!
ausgezeichnet excellent
der **Ausguß, ¨e** kitchen sink
aushalten (ie,a) to endure, stand
ausmachen to bother
Es macht mir nichts aus. It doesn't bother me. It's no trouble.
ausprobieren to try out
ausrauben to rob
ausrichten to deliver a message
aussagen to confess, indicate
ausschütteln to shake out
aussehen wie (a,e) to look like
außer except; out of
außerdem besides
sich **ausspannen** to relax
aussteigen (ie,ie) to get out/off
aussuchen to select, choose
der **Austausch** exchange
ausverkauft sold out
die **Autobahn, -en** freeway, expressway
das **Autofahren** driving
automatisch automatic

B

das **Bad, ¨er** bath; bathroom
der **Bademantel, ¨** bathrobe
das **Badezimmer, -** bathroom
der **Bahnbeamte, -n** train official
der **Bahnhof, ¨e** train station
der **Bahnsteig, -e** platform (train)
bald soon
die **Bande, -n** gang
die **Bank, -en** bank
bayerisch Bavarian
Bayern Bavaria (German state)
der **Bayernhut, ¨e** Bavarian hat
der **Beamte, -n** official, civil servant
die **Bedienungsanweisung, -en** operating instructions
der **Bedienungsknopf, ¨e** operating button
bedrohen to threaten
sich **beeilen** to hurry
sich **befinden (a,u)** to be located
beginnen (a,o) to begin
der **Begleiter, -** companion
bei at, near
beide both
die **beiden** the two of them
beinahe almost
bekommen (a,o) to get, receive
die **Belohnung, -en** reward
bemerken to notice
beobachten to observe
bereits already
der **Bernkasteler (Wein)** Moselle wine from the area of Bernkastel
der **Beruf, -e** profession, vocation
sich **beruhigen** to calm down
beschreiben (ie, ie) to describe
beschützen to protect
sich **beschweren über** to complain about
der **Besitzer, -** owner
besonderer, -e, -es special
besonders especially
besser better
bestehen auf (a,a) to insist on
die **Bestellung, -en** order
bester, -e, -es best
am besten best
bestimmt certainly, for sure
besuchen to visit
das **Bett, -en** bed
bevor before
bewachen to guard
sich **bewegen** to move
bezahlen to pay
das **Bier, -e** beer
bildhübsch pretty as a picture
bis until
Bis bald! See you soon.
ein **bißchen** a little (bit)
bitte please; you're welcome
bitten (a,e) to ask, request
bitteschön you're very welcome
blaß pale
blättern to page (around)
bleiben (ie, ie) to stay, remain
Wo bleibt er nur? Where is he?
der **Blick, -e** view, glimpse
die **Bratkartoffeln (pl.)** home-fried potatoes
brauchen to need
der **Bräutigam** bridegroom
bremsen to brake, slow down
der **Brief -e** letter
die **Brille, -n** eyeglasses
bringen (a,a) to bring, take
das **Brot, -e** bread
der **Bruder, ¨e** brother
der **Buchstabe, -n** letter of the alphabet
der **Büffel, -** buffalo; rude person
die **Bundeswehr** German Armed Forces
die **Burg, -en** castle, fortress
der **Bürgermeister. -** mayor
der **Bürgersteig, -e** sidewalk
das **Büro, -s** office
der **Bus, -se** bus

C

das **Café, -s** coffee shop
die **Campingreise, -n** camping trip
der **Campingurlaub, -e** camping vacation
charmant charming
der **Chef, -s** boss
der **Computer, -** computer

D

da there; because
damals back then
dabeisein to be present
die **Dame, -n** lady
der **Dank** thanks
danke thanks, thank you
dankeschön thank you very much
dann then
darauf to that
darum therefore
daß that
dauern to last
dauernd constant
davonkommen (a,o) to escape, get away
dein your
denken (a,a) to think
Denkste! That's what you think!
denn because
der-/die-/dasselbe the same
deshalb therefore
der **Detektiv, -e** detective
deutsch German
der **Deutsche, -n** German national
Deutschland Germany
der **Dezember, -** December

45

dicht close
dicht bei close to, near
dick fat, thick
dienen to serve
der **Dienst** duty, service
dieser, -e, -es this
diesmal this time
direkt direct
dort there
draußen outside
drei three
dreißig thirty
dritter, -e, -es third
drücken to press
dumm dumb
der **Dummkopf, ¨e** meathead, blockhead
dunkel dark
durch through
durchgebraten well-done (meat)
durchgehend non-stop
das **Dürerhaus** Dürer's birthplace & residence
dürfen (u,u) to be allowed
der **Durst** thirst
durstig thirsty
die **Dusche, -n** shower
sich **duschen** to take a shower
sich **duzen** to say *du*
der **D-Zug** D = durchgehend (non-stop) express train

E

die **Ecke, -n** corner
das **Edelweiß** alpine flower
egal equal
Das ist mir egal. That doesn't matter to me.
die **Ehe, -n** marriage
das **Ehepaar, -e** married couple
das **Ehrenwort, -e** word of honor
eigentlich really; real, true
die **Eile** hurry
eilig hurried
es eilig haben to be in a hurry
einbauen to install
einfach simple; one-way ticket
einfangen (i,a) to capture, corner
der **Eingang, ¨e** entrance
eingravieren to engrave
einhängen to hang up
einholen to catch up
einkaufen to shop
einladen (u,a) to invite
die **Einladung, -en** invitation
einmal once
einpacken to pack
einschalten to switch on; to involve
einschließlich including
einsteigen (ie,ie) to get in/on
eintasten to key in (data)

eintreten (a,e) to enter
der **Eintritt** admission
einverstanden agreed
einwerfen (a,o) to insert
die **Einzelheit, -en** detail
das **Einzelzimmer, -** single room
einzig only
der **Eisbecher, -** ice cream sundae
elegant elegant
die **Eltern (pl.)** parents
empfehlen (a,o) to recommend
das **Ende** end
Ende gut, alles gut! All's well that ends well.
endlich finally
eng narrow, tight
England England
der **Engländer, -** Englishman
englisch English
das **Englisch** English language
der **Englischlehrer, -** English teacher
entführen to kidnap
die **Entführung, -en** kidnapping, abduction
entgegen toward
entkommen (a,o) to escape, get away
entlang along
entscheiden (ie,ie) to decide
entschuldigen to forgive, excuse
Entschuldigen Sie bitte! Pardon me please.
die **Erdbeertorte, -n** strawberry tart
erkennen (a,a) to recognize
sich zu erkennen geben to reveal one's identity
erklären to explain
erlauben to permit
erledigen to take care of
ermorden to murder
ernst serious
ernsthaft serious
erreichen to reach
der **Ersatz** substitute
erst first; not until
erster, -e, -es first
erwarten to expect
erzählen to tell
essen (a,e) to eat
das **Essen, -** meal, food
das **Eßzimmer, -** dining room
etwa approximately
etwas something, a little
etwas Ernstes a serious matter
Europa Europe
extra especially; additional

F

fahren (u,a) to drive, ride
der **Fahrer, -** driver
die **Fahrerei, -en** driving (derog.)
die **Fahrkarte, -n** ticket
der **Fahrkartenschalter, -** ticket window

der **Fahrstuhl,** ¨e elevator
die **Fahrt, -en** trip, drive
der **Fall** ¨e case
   auf keinen Fall by no means
die **Falle, -n** trap
  falls in case
  falsch false, wrong
der **Falschmünzer, -** counterfeiter
das **Familienleben** family life
der **Familienname, -n** family name, last name
  fangen (i,a) to catch
  fassen to grab
  fast almost
  fegen to sweep
  fein fine
das **Fenster, -** window
das **Ferngespräch, -e** long distance call
  fernsehen (a,e) to watch television
das **Fernsehen** television
  fertig ready, done
  fest firm
  festhalten (ie,a) to hold captive
der **Film, -e** film
doe **Filmkamera, -s** movie/video camera
  finden (a,u) to find
die **Flasche, -n** bottle
das **Fläschchen, -** small bottle
der **Fleck, -e** spot
die **Flennerei** crying, weeping (derog.)
  fliegen (o,o) to fly
  fließen (o,o) to flow
   fließend Wasser running water
  flirten to flirt
der **Flughafen,** ¨ airport
der **Flur, -e** hallway, corridor.
  folgen to follow
  folgend following
das **Formular, -e** form
  fotografieren to take a picture
die **Fotografin, -nen** photographer (f.)
doe **Frau, -en** woman, Mrs., Ms.
das **Fräulein, -s** young lady, Miss
  frei free
die **Freiheit, -en** freedom, liberty
sich **freuen an** to enjoy
  Es freut mich. I am delighted.
der **Freund, -e** friend (m.)
die **Freundin, -nen** friend (f.)
  freundlich friendly
  froh glad, happy
die **Frucht,** ¨e fruit
  früh early
der **Frühling** spring (season)
der **Frühlingsanfang** beginning of spring
das **Frühstück** breakfast
  frühstücken to have breakfast
  fügsam cooperative
sich **fühlen** to feel
  führen to lead, conduct

  funktionieren to function, work
  furchtbar terrible
sich **fürchten** to be afraid, fear
der **Fußtritt, -e** kick

G

der **Gang,** ¨e aisle
die **Gans,** ¨e goose
  ganz whole, entire
  gar at all
die **Garderobe** coat check; coat rack
die **Gardine, -n** curtain
das **Gaspedal, -e** accelerator pedal
  geben (a,e) to give, hand
  geboren born
der **Geburtsort, -e** place of birth
das **Gedeck, -e** complete meal of the day (restaurant)
das **Gedrängel** scuffling
die **Gefahr, -en** danger
  gefallen (ie,a) to please
  Es gefällt mir. I like it.
der **Gefangene, -n** prisoner
das **Gefängnis, -se** prison
der **Gefängnisbeamte, -n** prison guard
der **Gefängnisdirektor, -en** prison warden
das **Gefühl, -e** feeling
  gegen against; around (time)
die **Gegend, -en** area, region
  gegenüber across (the street)
  gehen (i,a) to go
  Wie geht's? How are you?
das **Geld, -er** money
die **Gelegenheit, -en** opportunity
das **Gemüse, -** vegetable
  gemütlich cozy, comfortable
  genau exactly, precisely
  genießen (o,o) to enjoy
  genug enough
  geographisch geographic
das **Gepäck** luggage
  gerade just now; straight
  geradeaus straight ahead
das **Geräusch, -e** noise, sound
  gern gladly
  gern haben to like
das **Geschäft, -e** store; business
  geschäftlich pertaining to business
die **Geschichte, -n** story
das **Geschirr** dishes
die **Gesellschaft, -en** company
das **Gespenst, -er** ghost
  gestern yesterday
  gesund healthy
die **Gewalt, -en** force, power
  gewaltig mighty
  gewiß certain
sich **gewöhnen an** to get used to

glauben to believe
gleich same; right away
gleichfalls likewise
gleichzeitig at the same time
das **Gleis, -e** track, platform
das **Glück** luck, happiness
    Glück haben to be lucky
glücklicherweise luckily
gnädige Frau madam (address)
das **Goldstückchen, -** little gold nugget
der **Goldschatz** golden treasure
das **Grab, ¨er** grave
gratulieren to congratulate
der **Grillteller, -** mixed grill platter
groß big, great, grand
großartig great, phantastic
die **Größe, -n** size, height
die **Großstadt, ¨e** big city
der **Grund, ¨e** reason
    Grüß Gott! Hello! (Bavaria)
die **Güte** goodness, kindness
das **Gymnasium, -sien** secondary school

H

halb half
hallo hello
das **Halsband, ¨er** collar
halten (ie, a) to stop; hold; wait
    Was halten Sie davon? What do you think of it?
die **Hand ¨e** hand
die **Handschellen (pl.)** handcuffs
das **Handschuhfach, ¨er** glove compartment
die **Handtasche, -n** handbag
das **Handtuch, ¨er** towel
hassen to hate
die **Hast** haste, hurry
der **Haufen, -** heap, pile
der **Hauptbahnhof, ¨e** main train station
die **Hauptstraße, -n** main street
das **Haus, ¨er** house
    nach Hause home
    zu Hause at home
der **Hausflur, -e** entry hall
die **Hausmeisterin, -nen** caretaker (f.)
die **Haustür, -en** front door
heftig heavy
die **Heilsarmee** Salvation Army
heiraten to marry
heiß hot
heißen (ie,ei) to be called
der **Held, -en** hero
die **Heldin, -nen** heroine
helfen (a,o) to help
der **Helfer, -** helper
    Herein! Come in!
hereinkommen (a,o) to enter, come in
herkommen (a,o) to come here

der **Herr, -en** gentleman; Mr.
herumfahren (u,a) to drive around
herumlaufen (ie,au) to run around
das **Herzblättchen** little sweetheart
heute today
heutzutage nowadays
hier here
die **Hilfe** help
hilflos helpless
hinfahren (u,a) to travel there
hinfallen (ie,a) to fall down
hinlegen to lay down
hinschauen to look closely
sich **hinsetzen** to sit down
hinter behind
die **Hintertreppe, -n** back stairs
hoch high
höchste Zeit high time
die **Höchstgeschwindigkeit** speed limit
die **Höchstlast, -en** maximum load
die **Hochzeit, -en** wedding
der **Hochzeitsgast, ¨e** wedding guest
das **Hochzeitsgeschenk, -e** wedding present
die **Hochzeitsgesellschaft** wedding party
der **Hochzeitsmarsch** wedding march
die **Hochzeitsreise** honeymoon trip
der **Hof, ¨e** courtyard; farm, estate
hoffen to hope
hoffentlich hopefully
die **Hoffnung, -en** hope
holen to get, fetch
hören to hear
der **Hörer, -** phone receiver
das **Hotel, -s** hotel
der **Hotelbesitzer, -** hotel owner
hübsch pretty
das **Huhn, ¨er** chicken
das **Hühnchen, -** little chicken
der **Hund, -e** dog
das **Hündchen, -** little dog
der **Hundefänger, -** dog catcher
der **Hundertmarkschein, -e** 100 Mark bill
hundertprozentig 100 percent
der **Hunger** hunger
hungrig hungry
der **Hut, ¨e** hat

I

die **Idee, -n** idea
der **Idiot, -en** idiot
immer always
immerzu all the time
die **Innenstadt, ¨e** downtown area
interessant interesting
interessiert interested
inzwischen meanwhile
irgendetwas something
irgendwie somehow

irgendwo somewhere
sich **irren** to err
der **Irrtum, ⸚er** error

J

ja yes
die **Jacke, -n** jacket
das **Jahr, -e** year
die **Jahreszeit, -en** season
jawoll (military slang) yes
der **Jazzkeller, -** jazz cellar
jeder, -e, -es every
jedesmal every time
jemand someone
jetzt now
der **Johannisbeersaft** currant juice
die **Journalistin, -nen** journalist (f.)
jung young
der **Junge, -n** boy
der **Junggeselle, -n** bachelor
das **Junggesellenleben** bachelor life

K

der **Kaffee** coffee
das **Kalbsschnitzel, -** veal steak
der **Kamerad, -en** buddy
das **Kampfgeräusch, -e** noise of fighting
kaputt defective, broken
die **Karte, -n** ticket
die **Kasse, -n** ticket office, cashier
die **Katastrophe, -n** catastrophe
kaufen to buy
kaum barely, hardly
der **Kavalier, -e** gentleman
kein no
der **Kellner, -** waiter
kennen (a,a) to know
kennenlernen (e,e) to get to know
das **Kennzeichen, -** identifying mark
der **Kerl, -e** fellow, guy
die **Kette, -n** chain
  an die Kette legen to put on a leash
das **Kind, -er** child
das **Kino, -e** movie theater
die **Kirche, -n** church
kirchlich in church
klar clear, of course
kleben to glue, tape
klein small, short
das **Kleingeld** small change
die **Kleinstadt, ⸚e** small town
klingeln to ring
klingen (a,u) to sound
klopfen to knock
der **Knebel, -** gag
der **Knopf, ⸚e** button
der **Koffer, -** suitcase
komisch funny
kommen (a,o) to come

der **Kommissar, -e** police inspector (rank)
kompliziert complicated
der **Komplize, -n** accomplice
können (o,o) to be able to
der **Kopf, ⸚e** head
  in den Kopf steigen to get to one's head
die **Kopfschmerzen (pl.)** headache
kosten to cost
kriegen to get, receive
die **Küche, -n** kitchen
kühl cool, chilly
sich **kümmern um** to take care of
das **Kursbuch, ër** comprehensive train schedule
die **Kurve, -n** curve
kurz short

L

lachen to laugh
das **Land, ⸚er** country
  auf dem Lande in the countryside
lang long
langsam slow
langweilig boring
der **Lärm** noise
lassen (ie,a) to let
laufen (ie,au) to run
laufenlassen to let go
laut aloud; loud, noisy
der **Laut, -e** noise, sound
leid tun to be/feel sorry
leider unfortunately
die **Leine, -n** leash
leise quiet, low
lesen (a,e) to read
die **Leute (pl.)** people
letzter, -e, -es last
  zum letzten Mal for the last time
lieb dear, good
lieber rather
  mein Lieber my good man
  Ach du liebes bißchen! Oh, my goodness!
die **Lieblingsstation, -en** favorite station
liegen (a,e) to lie
der **Liegewagen, -** couchette car (train)
der **Liegewagenplatz, ⸚e** couchette ticket/space
links left
der **Lippenstift, -e** lipstick
Los! Let's go!
losfahren (u,a) to drive off
losgehen (i,a) to start out
loslassen (ie,a) to let go
loswerden (u,o) to get rid of
die **Luft, ⸚e** air
das **Luxushotel, -s** luxury hotel

M

machen to make, do, cost
  Es macht nichts. It doesn't matter.

das **Mal** time
  manchmal sometimes
der **Mann, ¨er** man
der **Mantel, ¨** overcoat
das **Märchen, -** fairy tale
der **Märchenprinz, -en** Prince Charming
die **Mark, -** Mark (German currency)
  marschieren to march
das **Maul, ¨er** mouth (of an animal)
  Halt's Maul! Shut up!
  mehr more
  mein my
  meinen to mean
sich **melden** to answer, report
der **Mensch, -en** person, human being
der **Menschenraub** abduction, kidnapping
  merken to notice
der **Meter, -** meter
das **Mikrofon, -e** microphone
  mindestens at least
die **Minute, -n** minute
der **Mist** manure
  mit with
  mitbringen (a,a) to bring along
  mitkommen (a,o) to come along
  mitnehmen (a,o) to take along
der **Mittag, -e** midday, noon
  mittags during noon hours
  möglich possible
die **Möglichkeit, -en** possibility
der **Moment, -e** moment
der **Monat, -e** month
der **Morgen, -** morning
  morgens during the morning hours
der **Moselwein, -e** Moselle wine
  müde tired
der **Münchner** resident of Munich
der **Mund, ¨er** mouth
  den Mund halten to be quiet
die **Münze, -n** coin
  murmeln to mumble
  müssen to have to
der **Mut** courage
  Mut fassen to muster courage
die **Mutter, ¨** mother
die **Mutti, -s** mom

N

  nach after; to
  nachdenken (a,a) to think s.th. over
der **Nachmittag, -e** afternoon
der **Nachname, -n** last name
die **Nachricht, -en** message; pl. = newscast
  nachschleichen (i,i) to follow secretly
  nachsehen (a,e) to look up
die **Nachspeise, -n** dessert
  nächster, -e, -es next
die **Nacht, ¨e** night
das **Nachtleben** night life

der **Nachtzug, ¨e** night train
  nagelneu brand-new
  naja oh, well
  nämlich namely
  natürlich naturally, of course
der **Nebel** fog
  neben next to
  nebenan next door
  nehmen (a,o) to take
  nein no
der **Nerv, -en** nerve
  Das geht mir auf die Nerven. That bugs me. It makes me nervous.
  nervös nervous
  nett nice, kind
  neu new
  neugierig curious, nosy
  nicht not
  nichts nothing
  nicht wahr? isn't it?
  niedlich cute
  nie never
  niemals never
  niemand nobody
  nirgendwo nowhere
  noch still; yet another
  nochmal again
  normalerweise normally
  nötig necessary
  null zero
die **Nummer, -n** number
das **Nummernschild, -er** license plate
  nun now
der **Nürburgring** race track in Germany

O

der **Ober, -** waiter
  oberer, -e, -es upper
  oder or
  offen open
  öffnen to open
  oft often
  ohne without
das **Ohr, -en** ear
die **Ordnung** order, organization
  Ordnung machen to tidy up
  orientalisch Oriental
die **Osterferien** Easter Vacation

P

  ein **paar** a few
das **Paar, -e** pair, couple
  packen to pack
das **Papier, -e** paper
das **Parfüm, -e** perfume
  parken to park
die **Parklücke, -n** parking spot
  passen to fit

passieren to happen
die **Pause, -n** pause, intermission
die **Person, -en** person
der **Personalausweis, -e** identity card
persönlich personally
pfeifen (i,i) to whistle
der **Pfennig, -e** penny (German currency unit)
phantastisch phantastic
die **Pistole, -n** pistol
   wie aus der Pistole geschossen like a speeding bullet
der **Plan, ⸚e** plan
der **Platz, ⸚e** seat, space
plötzlich suddenly
die **Polizei** police
der **Polizeibeamte, -n** police officer
die **Polizeiwache, -n** police precinct office
der **Polizist, -en** police officer
die **Portion, -en** portion
   eine halbe Portion weakling
preiswert reasonably priced
prima great, terrific
pro per
Prost! Here's to you!
das **Protokoll, -e** report
pünktlich on time, punctual
putzen to clean, polish
die **Putzfrau, -en** cleaning lady

Q

der **Quatsch** nonsense
quatschen to talk nonsense, to chat
die **Quatscherei** chatting (derog.)
quietschen to squeal

R

der **Radiosender, -** radio station
der **Rat,** advise, suggestion
raten (ie,a) to guess
das **Rathaus, ⸚er** city hall
der **Raum, ⸚e** room
raus out
reagieren to react
rechnen to figure
die **Rechnung, -en** bill, check
recht right, correct
   recht haben to be right
   recht sein to be satisfactory
das **Recht, -e** right, law
rechts right
reden to talk
der **Regen** rain
regnen to rain
reichen to suffice
   Mir reicht's! I've had it!
der **Reifen, -** tire
die **Reihe, -n** row, sequence
   der Reihe nach one after the other
   Er ist an der Reihe. It's his turn.

rein in; clean
die **Reise, -n** trip, travel
die **Reisebekanntschaft, -en** travel acquaintance
der **Reisefreund, -e** travel companion
der **Reiseführer, -** tourist guide
der **Reisende, -n** traveler
rennen (a,a) to run
der **Rest, -e** rest
die **Rezeption, -en** reception desk
der **Rheumatismus** rheumatism
richtig correct; real
die **Richtung, -en** direction
die **Rotznase, -n** "snot nose", brat
der **Rücken, -** back
die **Rückfahrkarte, -n** return ticket
rücksichtslos inconsiderate
das **Rufzeichen, -** ringing (phone line)
ruhig quiet, calm
rund round; around
runter down

S

die **Sache, -n** matter, thing
sagen to say
die **Sahne** cream; whipped cream
die **Sahnesoße, -n** cream gravy
der **Salat, -e** salad
sarkastisch sarcastic
saubermachen to clean
die **S-Bahn, -en** rapid transit train
schade too bad
   Wie schade! What a pity!
schaffen to get done, to succeed
der **Schaffner, -** train conductor
der **Schalter, -** (sales) window
sich schämen to feel ashamed
scharf sharp
schauen to look
schicken to send
schieben (o,o) to push
das **Schild, -er** sign
das **Schimpfwort, ⸚er** invective, abusive word
die **Schlafcouch, -es** couch bed
schlafen (ie, a) to sleep
das **Schlafzimmer, -** bedroom
schlagen (u,a) to beat, hit; to chime
die **Schlagsahne** whipped cream
schlampig sloppy
schlank slender, slim
schlau smart
schlecht bad
schließen (o,o) to close; to conclude
schlimm bad, terrible
der **Schluß** end
   Schluß machen to end s.th.
der **Schlüssel, -** key

schmecken to taste
Schmeckt's? Do you like it?
schmutzig dirty
schnappen to snap, catch
frische Luft schnappen to catch some fresh air
schnell quick, fast
das **Schnitzel, -** steak
schon already
schön beautiful, nice
schrecklich terrible
schreiben (ie, ie) to write
der **Schritt, -e** step
schubsen to push
der **Schuh, -e** shoe
das **Schulenglisch** school English
der **Schutz** protection
schwarz black
schweigen (ie, ie) to be silent
das **Schweigen** silence
zum Schweigen bringen to silence
die **Schwester, -n** sister
schwören (o,o) to swear
schwül muggy, hot
sechs six
sehen (a,e) to see
sehr very
sein his
seit since
seitdem since that time
die **Seite, -n** page
selbst self, personally
seltsam strange, odd
servieren to serve
sein **setzen** to sit down
sicher sure, probable
die **Sicherheit, -en** safety, security
sicherlich probably, certainly
sieben seven
singen (a,u) to sing
der **Sinn, -e** sense
sinnlos senseless, foolish
der **Skrupel, -** scruple
der **Smoking, -s** tuxedo
sofort immediately
sogar even
der **Sohn, ⸚e** son
solcher, -e, -es such a
sollen to be supposed to
die **Sonne, -n** sun
die **Sonnenbrille, -n** sun glasses
sonnig sunny
sonst otherwise
der **Sonntag, -e** Sunday
die **Sorge, -n** sorrow, worry
sich Sorgen machen to worry
sozusagen so to say
der **Spalt, -e** crack
die **Spannung, -en** tension, suspense
sparen to save

der **Spaß, ⸚e** fun
es macht Spaß it's fun
spät late
spätestens at the latest
die **Spätzle (pl.)** type of noodles
spazierengehen (i,a) to take a walk
der **Spaziergang, ⸚e** walk, hike
die **Speisekarte, -n** menu
der **Speisesaal, -säle** dining hall
der **Speisewagen, -** dining car (train)
spielen to play
die **Spielerei, -en** child's game (derog.)
das **Spielzeug, -e** toy
sprechen (a,o) to speak, talk
spucken to spit
große Töne spucken to talk big, have a big mouth
die **Spur, -en** track, trace
die **Staatsangehörigkeit, -en** citizenship, nationality
Stadelheim prison near Munich
die **Stadt, ⸚e** city
das **Stadtkrankenhaus, ⸚er** municipal hospital
stammen aus to originate from, come from
stattfinden (a,u) to take place
das **Steak, -s** steak
stehen (a,a) to stand
stehlen (a,o) to steal
sich **stellen als ob** to pretend, play as if
die **Stimme, -n** voice
stimmen to be correct
der **Stock, ⸚e** stick; floor (of building)
das **Stockwerk, -e** floor of building
stolz proud
störrisch stubborn, obstinate
stoßen (ie,o) auf to encounter
die **Straße, -n** street
der **Straßenlärm** street noise
streichen (i,i) to delete, cancel
der **Strumpf, ⸚e** stocking
das **Stück, -e** piece
die **Stunde, -n** hour
das **Stündchen, -** (little) hour
sich **stürzen auf** to attack, rush
suchen nach to search for
summen to hum

T

der **Tag, -e** day
eines Tages some day, one day
die **Tasche, -n** pocket, bag
die **Tasse, -n** cup
Er hat nicht alle Tassen im Schrank. He doesn't have all his marbles.
die **Tatsache, -n** fact
das **Taxi, -s** taxi cab
der **Taxifahrer, -** cab driver
das **Telefon, -e** telephone
das **Telefonbuch, ⸚er** telephone directory

das **Telefongespräch, -e** telephone call
der **Telefonhörer, -** phone receiver
telefonieren to call (phone)
die **Telefonnummer, -n** phone number
die **Telefonzelle, -n** telephone booth
das **Telegramm, -e** telegram
der **Teppich, -e** rug
die **Theke, -n** bar counter
tief deep
der **Tisch, -e** table
die **Tochter, ⸚** daughter
die **Toilette, -n** toilet, restroom
der **Tomatensalat, -e** tomato salad
die **Tomatensuppe, -n** tomato soup
die **Tradition, -en** tradition, custom
träumen to dream
die **Trauung, -en** wedding ceremony
treffen (a,o) to meet; to hit
das **Treffen, -** meeting, get-together
der **Treffpunkt, -e** meeting place
die **Treppe, -n** stairs, staircase
treten (a,e) to step
treu true, faithful, loyal
das **Trinkgeld, -er** tip
die **Trompete, -n** trumpet
trotzdem nevertheless
tschüs so long
tun (a,a) to do
die **Tür, -en** door

U

überall everywhere
überfahren (u,a) to run over
überhaupt at all
übermorgen day after tomorrow
überprüfen to check
überschreiten (i,i) to exceed
übertreiben (ie,ie) to exaggerate
überziehen (o,o) to put on (clothes)
übrigens by the way, incidentally
die **Uhr, -en** watch, clock; o'clock
um at; in order to
umbringen (a,a) to murder
die **Umgebung, -en** environs, surroundings
umsteigen (ie,ie) to transfer, change (trains)
umziehen (o,o) to move to a new place
sich **umziehen (o,o)** to change clothes
unbekannt unknown, obscure
unbemerkt unnoticed
unerwartet unexpected
der **Unfall, ⸚e** accident
ungeduldig impatient
unglaublich incredible
das **Unglück, -e** mishap, bad luck, misfortune
unheimlich scary, uncanny
die **Uniform, -en** uniform
unmöglich impossible
die **Unordnung** mess, disorder
unser our

der **Unsinn** nonsense
unterbrechen (a,o) to interrupt
unterer, -e, -es lower
sich **unterhalten (ie,a)** to converse
unterrichten to teach
der **Unterschied, -e** difference
unterschreiben (ie,ie) to sign
unverheiratet unmarried
unterwegs on the way
der **Urlaub** vacation
die **Urlaubszeit, -en** vacation time
usw. = **und so weiter** and so on (etc.)

V

sich **verabreden** to make a date
die **Verabredung, -en** date, appointment
verbinden (a,u) to connect
das **Verbrechen, -** crime
der **Verbrecher, -** criminal
verbringen (a,a) to spend time
der **Verdacht** suspicion
verdächtig suspicious
verdienen to earn; to deserve
der **Verfolger, -** pursuer
vergessen (a,e) to forget
der **Verkehr** traffic
verlassen (ie,a) to leave
verliebt in love
verlieren (o,o) to lose
verlobt engaged
der **Verlobte, -n** engaged person
verpassen to miss (time)
verraten (ie,a) to betray
verrückt crazy
der **Verrückte, -n** crazy man
sich **verschaffen** to obtain
sich **verspäten** to be late
die **Verspätung, -en** delay, tardiness
versprechen (a,o) to promise
verstehen (a,a) to understand
versuchen to try
vertrauen to trust
der **Vertreter, -** salesman, sales representative
verwickeln to entangle
verzeihen (ie,ie) to forgive
verzweifeln to despair
das **Vestibül, -e** vestibule
viel much
viele many
vielen Dank many thanks
vielleicht perhaps
vier four
das **Viertel, -** quarter
voll full
vor before; in front of
die **Voranzeige, -n** preview advertisement
vorbei over, gone, past
vorbeikommen (a,o) to come by
vorher before, prior to

der **Vormittag**, -e forenoon
der **Vorname**, -n first name
der **Vorort**, -e suburb
die **Vorsicht** caution
  vorsichtig careful, cautious
sich **vorstellen** to imagine; to introduce o.s.
die **Vorwahl** area code (abbrev.)
die **Vorwahlnummer**, -n area code

W

der **Wachtmeister**, - police officer (rank)
der **Wagen**, - car
  wählen to choose, select
  wahrhaftig truly, really
die **Wahrheit**, -en truth
  während while, during
  wahrscheinlich probably
  wann when
  warm warm
  warnen to warn
  warten auf to wait for
  warum why
  was what
  was für ein what kind of
das **Waschbecken**, - sink, wash basin
die **Wechselschale**, -n coin dish
  weg away, gone
der **Weg**, - way
  im Wege sein to be in the way
  wegfahren (u,a) to drive off
  weglaufen (ie,au) to run away
  wehtun (a,a) to hurt
  Weihnachten Christmas
  weil because
das **Weilchen** a little while
der **Wein**, -e wine
  weinen to weep, cry
die **Weißwurst**, ̈e veal sausage (Bavarian specialty)
  weiter further
  weiterer, -e, -es further, additional
  weitermachen to continue
  welcher, -e, -es which
die **Welt**, -en world
die **Weltattraktion**, -en world-famous attraction
  wen whom
sich **wenden an** to turn to
  wenigstens at least
  wenn when; if
  werden (u,o) to become; will
  wetten to bet
  wichtig important
  wie as, like; how
  Wie bitte? Pardon me?
  wieder again
    Wiederhören: Auf Wiederhören! good-bye (on the phone)
  wiedersehen (a,e) to see again

das **Wiedersehen** reunion
  Auf Wiedersehen! Good-bye!
  wiedertreffen (a,o) to meet again
das **Wildschwein**, -e wild boar
  wirken to be effective
  wirklich really, truly
  wissen (u,u) to know
die **Witwe**, -n widow
der **Witz**, -e joke
  wo where
  woanders elsewhere
die **Woche**, -n week
der **Wochenendverkehr** weekend traffic
  wohl probably; well
  womöglich possibly
  wohnen to live, reside
die **Wohnung**, -en apartment
der **Wohnungsschlüssel**, - apartment key
das **Wohnzimmer**, - living room
der **Wolf**, ̈e wolf
  wollen to want to
das **Wort**, -e word
  wovon of what, about what
  wühlen to dig, rummage
  wunderbar wonderful
  wünschen to wish

Z

die **Zahnbürste**, -n toothbrush
  zehn ten
der **Zehnmarkschein**, -e ten Mark bill
  zeigen to show
die **Zeit**, -en time
die **Zeitschrift**, -en journal, magazine
die **Zeitung**, -en newspaper
der **Zeitungskiosk**, -s newspaper stand
die **Zelle**, -n cell
das **Zelt**, -e tent
  zerlumpt ragged, tattered
  zerren to tear, drag
  zerstreut confused
der **Zettel**, - notice, slip of paper
das **Ziel**, -e goal, aim, destination
  ziemlich rather
das **Zimmer**, - room
das **Zimmermädchen**, - maid
der **Zimmerschlüssel**, - room key
der **Zirkus**, -se circus
die **Ziviltrauung**, -en civil wedding ceremony
  zu to; too
  zuerst (at) first
der **Zufall**, ̈e luck, coincidence
  zufrieden content
    Laß mich zufrieden! Leave me alone!
der **Zug**, ̈e train
  zugleich at the same time
die **Zugspitze** Germany's highest mountain peak

zuhören to listen intently
zurück back
zurückgeben (a,e) to give back
zurückkehren to return, come back
zusammen together
zuschlagen (u,a) to fall shut; to slam shut
zuschnappen to snap up/shut
zwanzig twenty
zwei two
zweimal twice
zweiter, -e, -es second
zwischen between
zwo (zwei) two (used on the phone)
zwölf twelve